이제는 성화입니다

이성대 지음

쿰란출판사

이제는 성화입니다

서문

40년 가까이 매 주일 강단에 섰던 목사라면, 그간 쌓인 설교 원고가 얼마나 많겠습니까. 후배 목회자들이나 성도들과 나누고 싶은 말씀이 왜 없겠으며, 자신의 이름으로 된 설교집 한두 권 남기고 싶은 마음이 어찌 없겠습니까. 그러나 제가 이 책을 펴내는 이유는 그런 일반적인 바람 때문이 아닙니다.

일선의 목회 현장에서 은퇴하고 난 뒤, 지난 40년간 하나님께서 역사하셨던 여러 교회를 돌아보며 동시에 오늘날 한국 교회의 모습을 바라볼 때, 제 마음에 큰 부담으로 다가온 하나의 주제가 있었습니다. 그것은 바로 우리 안에서 '성화'(聖化)가 실종되고 있다는 아픈 현실이었습니다. 교회의 양적, 질적 성장이 멈추고 쇠퇴의 길로 접어든 근본적인 원인이 바로 이 '성화의 공백'에 있음을 외면할 수 없었습니다.

저는 캐나다 구세군 사관학교의 과정을 거쳐 캐나다와 미국의 한인 교회와 영어 교회 등 여러 지역의 다양한 회중을 섬기는 특권을 누린 지극히 평범한 목사입니다. 그 다양한 현장에서 울고 웃으며 얻게 된 작은 통찰이 있다면, 그것은 결국 교회가 다시 회복해야 할 것은 그 '정체성과 본질'이라는 사실이었습니다. 이 책에 담긴 설교들은 그 본질 회복을 향한 저의 기도와 씨름의 흔적들입니다.

누군가 "사람의 나이가 일흔이 되면 비로소 통합적인 관점을 갖게 되는 유익이 있다"라고 했습니다. 저 역시 그 말에 공감하며, 그 미약한 경험 위에 하나님께서 이 부족한 종에게 더하여 주셨다고 믿는 마음을 감히 나누고자 합니다.

설교집을 준비하며 제 마음을 뜨겁게 붙잡은 감동이 하나 있습니다. 그것은 하나님께서 지금 한국 교회에 '온전한 복음', 즉 십자가의 복음이자 동시에 '성화의 복음'으로 돌아올 마지막 기회를 주고 계신다는 확신입니다. 지금의 이 위기와 침체는 끝이 아니라, 오히려 우리가 본질로 돌아가 다시 새로워질 수 있는 가장 소중한 기회일 수 있습니다.

주님께서는 "때가 찼고 하나님의 나라가 가까이 왔으니 회개하고 복음을 믿으라"(막 1:15) 선포하셨습니다. 부디 이 책이 바로 주님의 그 음성을 따라, 오늘날 한국 교회를 향해 "회개하고, 이제는 '온전한 복음', 곧 '성화의 복음'을 믿어라!" 하고 외치는 작은 통로가 되기를 원합니다.

이 책을 집어 드는 모든 성도님과 사역자분들의 삶에 거룩한 삶의 능력이 회복되고, 이 땅의 교회가 다시금 하나님의 영광을 드러내는 빛의 공동체로 일어서는 데 작은 불씨의 하나가 되기를 간절히 기도합니다.

이 책이 나오기까지, 한평생 부족한 저와 동역하며 고난의 짐을 함께 져 준 아내 이민경 목사님에게 깊은 감사를 전합니다. 또한, 목회자의 자녀로 꿋꿋하게 살아온 우리 세 자녀와 두 사위, 그리고 제게 가장 큰 기쁨이 되어주는 네 명의 손주들에게 우리 하나님 아버지의 사랑이 늘 함께하길 축원합니다.

마지막으로, '내적 치유와 성화의 복음'을 전하는 사명을 함께 감당하기 위해서 '한국엘리야의집'을 세우는 데 헌신한 동역자 여러 분께 진심으로 감사합니다. 여러분의 기도와 헌신이 없었다면 이 작은 열매는 불가능했을 것입니다.

2025. 11. 12.

이성대 목사

차 례

씨 뿌리는 비유

3예수께서 그들에게 비유로 여러 가지를 말씀하셨는데, 이렇게 이르
셨다. "보아라, 씨를 뿌리는 사람이 씨를 뿌리러 나갔다. 4그가 씨를
뿌리는데, 더러는 길가에 떨어지니, 새들이 와서, 그것을 쪼아먹었다.
5또 더러는 흙이 많지 않은 돌짝밭에 떨어지니, 흙이 깊지 않아서 싹
은 곧 났지만, 6해가 뜨자 타 버리고, 뿌리가 없어서 말라 버렸다. 7또
더러는 가시덤불에 떨어지니, 가시덤불이 자라서 그 기운을 막았다.
8그러나 더러는 좋은 땅에 떨어져서 열매를 맺었는데, 어떤 것은 백
배가 되고, 어떤 것은 육십 배가 되고, 어떤 것은 삼십 배가 되었다.
9귀 있는 사람은 들어라." 10제자들이 다가와서 예수께 여쭈었다. "어
찌하여, 그들에게는 비유로 말씀하십니까?" 11예수께서 그들에게 말
씀하셨다. "너희에게는 하늘 나라의 비밀을 아는 것을 허락해 주셨지
만, 다른 사람들에게는 그렇게 해주지 않으셨다(마 13:3-11, 표준새번역).

이 비유는 예수님이 여러 곳에서 말씀하신 중요한 말씀입니다.

예수님께서 비유로 가르치신 주제는 다 '하나님의 나라', '천국'이었습니다. 그런데 왜 '하나님 나라'를 말씀하실 때 항상 비유로 말

씀하셨을까요? 예수님께서 비유를 사용하신 이유는 단순히 사람들이 말씀을 흥미롭게 듣게 하려는 것이 아니라 하나님 나라를 전하시는 데 필요했기 때문입니다. 예수님이 비유를 사용하신 의도를 세 가지로 정리할 수 있습니다.

첫째, 하나님 나라의 비밀을 깨닫게 하시기 위한 방편입니다(긍정적 목적). 비유는 당시 사람들이 알지 못하는 하나님 나라를 보다 쉽게 깨닫게 할 방편이었습니다. 그래서 사람들이 아는 사물과 개념(씨, 밭, 농부)을 사용해서 설명하셨습니다. 그럼에도 예수님의 제자들은 처음 들었을 때 그 뜻을 알지 못하고 예수님께 나아가 비유의 뜻을 설명해 주시도록 간절히 요청했습니다.

여기서 중요한 영적 교훈을 알 수 있습니다. 하나님은 진리를 사모하고, 구하는 이들에게 기꺼이 진리를 가르쳐 주신다는 것입니다. 성경과 영적인 책을 읽거나 유의미한 감동을 받았을 때 그 의미를 알지 못한다면, 기도하고 묵상하며 성령님의 도우심을 기다려야 합니다. 그리고 믿을 만한 분에게 해석을 요청하여 확인하는 것이 필요합니다. 하나님 나라는 사모하고 깨달은 대로 행하려는 이에게 열립니다.

둘째, 진리를 거부하는 이들을 심판하시려는 목적이 있습니다(심판적 목적). 이는 말씀을 듣는 태도에 따라 그 결과가 상반되게 나타나기 때문입니다. 예수님은 이사야(사 6:9-10)의 말을 인용하시며 비유로 하시는 이유를 설명하셨습니다.

"이것은 '그들이 보기는 보아도 알지 못하고 듣기는 들어도 깨닫지 못하게 해 그들이 돌아와서 용서를 받지 못하게 하시려는 것'이다."

하나님의 말씀을 듣지 않기로 마음을 닫은 이들에게, 비유는 마치 베일로 가려진 것 같아서 말씀을 듣고도 깨닫지 못하게 하신다는 뜻입니다.

그러면 왜 그렇게 하셨을까요? 완악한 마음이 드러나 심판을 받게 하면서도, 후에 징계와 고난을 거쳐 무르익어 깨닫게 될 유익을 잃지 않게 하시기 위함입니다. 진정성 없는 회개, 곧 징벌을 피하기 위한 얄팍한 회개가 아니라, 훗날 고난을 통해서라도 진리가 깨달아지고 뼛속 깊이 새겨지는 은혜를 받게 되기를 원하셨기 때문입니다. 그리고 잘 알지 못하면서도 자기가 안다고 생각해서 스스로를 속이고 착각하고, 거짓된 지식으로 교만해지는 것을 막으시려는 것입니다.

셋째, 이렇게 말씀의 선포에는 이중적인 결과가 따르는 원리가 있습니다(경고). 우리는 하나님의 말씀을 들을 때 상반되는 결과가 있는 것을 알아야 합니다. 히브리서 1장 3절은 하나님의 말씀을 '능력의 말씀'이라고 선언합니다. 말씀을 듣고, 깨닫고, 순종하는 자에게는 30배, 60배, 100배의 열매가 맺힙니다. 그러나 건성으로 듣고, 깨닫지 못하면서도 아는 체하며 말씀을 외면하는 이들에게는 그 마음이 강퍅해지는 심판이 임합니다.

> **"오늘 너희가 그의 음성을 듣거든 격노하시게 하던 것 같이 너희 마음을 완고하게 하지 말라"**(히 3:15).

말씀을 안다고 착각하고 순종하지 않으면, 말씀은 더 이상 생명의 양식이 아닙니다. 오히려 그런 사람들의 마음을 완고하게 만드는 심판이 임합니다.

우리는 말씀을 듣는 태도가 이처럼 영적 생명과 직결됨을 알아야 합니다. 진리를 사모하는 심령으로 듣고, 깨달은 말씀에 반응하고 실천할 때 하나님 나라의 충만한 진리를 경험할 수 있습니다. 그 반대의 경우는 당장 결과를 느끼지 못해도 많은 영적 손실을 입게 됩니다.

저는 여기서, 한국의 많은 설교자들이 여러 면에서 탁월하지만, 성경 말씀 중에서 제일 중요한 성화의 복음을 바르게 알지 못하면서 안다고 생각하는 착각에 빠져 있지 않나 하는 의심이 있습니다. 성화의 복음을 가르친다고 믿으나, 설교자들 자신이 성화의 방편을 알지 못해서 한국 교회가 엄중한 징계를 받고 있는 것은 아닌가 생각합니다.

2012년에 교회 성장에 정점을 찍고 점차 역성장해서, 그때와 비교하면 교인의 절반을 잃지 않았습니까? 2023년 기준, 교회에 출석하는 신자 중 명목상의 신자와 가나안 성도를 합하면 전체 교인의 57%를 차지합니다. 이 통계가 무엇을 의미할까요?

본론에 들어가기 전에, 지난 반세기 동안 한국 교회를 이끌어오신 귀한 목사님 한 분의 마음 아픈 고백을 나누려고 합니다. 벌써 13년 전, 남서울은혜교회에서 은퇴하신 홍정길 목사님 이야기입니다. 홍정길 목사님은 (故)옥한흠, (故)하용조 그리고 이동원 목사님과 더불어 '복음주의 4인방'으로 불리며 한국 교회에 지대한 영향을 끼친 분입니다. 이분들은 성도들이 수동적인 자리에 머물지 않고, 각자 삶의 현장에서 말씀의 능력으로 살아가는 능동적인 제자로 세우는 데 헌신한 분들입니다. 평신도를 깨워, 예수님의 제자로 살게 하는 제자 훈련에 목숨을 걸었고, 많은 비판과 어려움 속에서도 그 길을 묵묵히 걸어오셨습니다. 그래서 많은 목회자들과 성도들이 그분들을 따랐습니다.

그런데 성공적인 목회자로 보이는 이분이 은퇴를 앞두고 한 인터뷰에서 깊은 회한을 고백하셨습니다.

> “나는 복음 안에 온전한 사람을 만들면 온전한 행동도 할 것이라고 생각했습니다. 좋은 생각을 했으면 좋은 행동까지 나와야 좋은 사람인데, 좋은 생각을 하면서 나쁜 행동을 하는 사람이 너무 많습니다. 이것이 지금까지 한국 복음주의 운동의 한계가 아닌가 싶습니다. 은퇴 1년을 앞두고 이런 사실을 깨달았다는 게 가슴 아픕니다.”(크리스천투데이. 2012. 06. 20.)

자신을 “어떤 면에서 실패한 목회자”라고 말하며, “진리가 예배와 말과 신학 속에는 있는데 실제 삶 속에는 없는 것이, 오늘날 한국 교회의 수치이고 나의 수치”라고 통탄했습니다.

많은 이들이 제자 훈련으로 성경 지식을 많이 쌓았지만, 삶이 변하지 않는 현실 앞에서 깊은 회한을 느꼈던 것입니다. 그분의 마지막 결론은 ‘다음 세대를 위한 대안학교’였습니다. 저는 홍 목사님의 정직하고 용기 있는 고백이 너무 귀하다고 생각합니다. 목사님의 고백을 들은 많은 목회자들이 정직하게 자신을 돌아보고 하나님 앞에서 목회에 대한 근본적인 질문을 갖게 하는 귀한 계기가 되었을 겁니다.

부족한 저도 그 인터뷰 기사를 보고 여러 가지 생각을 하다가 하나님께서 엘리야의 사역을 통해서 이미 은혜로 계시하신 근본적인 해답이 있다고 믿게 되었고, 그것을 여러분과 나누고 싶습니다. 그것은 바로 마음의 치유와 성화, 그리고 성령의 사역입니다.

저는 지금 나누는 메시지의 핵심이 본문 ‘씨 뿌리는 비유’ 안에 다 담겨 있다고 믿습니다. 이 비유는 예수님께서 하나님 나라의 비밀을 가르쳐 주시기 위해 말씀하신 가장 기초적이면서도 가장 중요한 가르침입니다. 이 비유를 이해하면 다른 모든 비유를 이해할 수 있다고 하셨을 만큼(막 4:13), 우리 신앙의 근간을 이루는 말씀입니다.

하나님 나라가 어떻게 신자의 마음과 일상의 삶 안에, 그리고 그런 신자들을 통해서 이 세상에 더 크게 세워질 수 있을까요? 본문 말씀을 통해서 그 비밀을 함께 발견하기 원합니다.

1. 농부와 씨앗 – 우리는 누구이며, 무엇을 뿌리는가?

이 비유에는 세 가지 중요한 요소가 등장합니다. 농부, 씨, 그리고 흙입니다. 먼저 농부와 씨에 대해 잠시 생각해 보겠습니다.

첫째, 농부는 누구입니까?

인류 역사상 가장 먼저 천국 복음의 씨를 뿌리신 농부는 바로 우리 주님, 예수 그리스도이십니다. 주님을 이어 사도들과 제자들이 그 씨를 뿌렸고, 오늘날에는 저와 여러분, 이 시대를 살아가는 모든 신자들이 복음의 씨를 뿌리는 농부로 부르심을 받았습니다.

그렇다면 복음의 전파자인 우리 자신에게 던져야 할 질문이 있습니다. 우리는 과연 예수님이 이 세상에 오신 그 목적, 곧 하나님 나라의 확장을 위해 살고 있습니까, 아니면 나의 성공, 우리 교회의 성장, 부흥을 위해 애쓰고 있습니까? 또 예수님께서 사역하셨던 그 방식, 즉 자신의 생각대로가 아니라 성령 안에서 아버지의 뜻을 구하고, 성령으로 사역하고 있습니까?

예수님은 항상 당신의 생각으로 행하지 않으시고 언제나 아버지의 뜻에 순종하셨습니다(요 14:10). 사도 바울은 고린도전서 2장 4-5절에서 "나의 말과 나의 설교는 지혜에서 나온 그럴듯한 말로 한 것이 아니라, 성령의 능력이 보여 준 증거로 한 것입니다. 그것은, 여러분의 믿음이 인간의 지혜에 바탕을 둔 것이 아니고, 하나님의 능력에 바탕을 둔 것이 되게 하려는 것입니다"(표준새번역)라고 증언했습니다.

저는 부족하지만, 부족할수록 성령을 의지하는, 예수님 닮는 하나님 나라의 농부가 되기를 소망합니다. 여러분은 어떤 농부가 되어야 할지 생각해 보시면 좋겠습니다.

둘째, 씨앗은 무엇입니까?

풍성한 결실을 얻기 바라는 농부는 반드시 좋은 씨앗을 뿌려야 합니다. 비유에 나오는 좋은 씨앗은 '순전한 복음'입니다. 여러분, 우리가 믿고 전할 복음은 과연 어떤 말씀일까요? 어떤 사람들은 복음을 '천국 가는 티켓' 정도로 알지만, 복음은 우리의 존재, 정체성, 이 세상의 삶 그리고 영원한 운명을 근본적으로 바꾸는 하나님의 말씀입니다.

그렇다면 교회가 선포해야 할 '온전한 복음'이란 무엇일까요? 지난 세대 동안 일부 교회가 "예수 믿으면 건강과 부를 얻고 출세한다"는, 포도주에 물을 탄 것 같은 혼합된 복음을 전한다는 비판이 있었습니다. 그런데 갈라디아서 1장 8절은 "다른 복음을 전하면 저주를 받을지어다"라고 무섭게 경고합니다.

저는 온전한 복음을 두 가지 축으로 나누어서 설명합니다. 그것은 바로 '칭의와 중생의 복음'과 '성화의 복음'입니다. 이 두 축이 견고하게 함께 설 때, 우리의 신앙은 생명력이 있게 되고 풍성한 열매를 맺게 됩니다.

먼저, 칭의와 중생의 복음(the Gospel of Justification and Regeneration)입니다. 이는 '예수 그리스도께서 우리를 위해 무엇을 하셨는가'에 관한 하나님의 기쁜 소식입니다. 우리가 죄인 되었을 때, 전적인 하나님의 은혜로 그 아들 예수 그리스도를 통해 이루신 놀라운 '구원의 대역사(大役事)'를 선포하는 기쁜 소식입니다.

예수님은 누구십니까? 이 세상에 오신 하나님의 독생자로, 믿는 신자를 죄와 지옥의 저주에서 건지시는 '그 구원자'(the Savior)일 뿐 아니라, 오리라고 구약에 약속된 '그 그리스도'(the Christ)이며, 우리 삶의 모든 영역을 은혜와 진리로 다스리시는 '그 주님'(the Lord-왕)이십니다.

예수님이 무슨 일을 하셨습니까? 먼저 이 땅에 하나님 나라를 세우시려고 천국 복음을 선포하셨고 많은 역사를 행하셨습니다. 십자가에서 우리의 죄를 남김없이 다 대속하셨고, 부활하심으로 사망 권세를 영원히 깨뜨리셨습니다. 그리고 승천하시어 지금 만왕의 왕으로 온 세상을 다스리시며, 동시에 놀랍게도 믿는 우리의 마음에 와 계십니다(골 1:27).

그러면, 복음을 믿는 우리는 어떻게 바뀌었습니까? 복음을 믿음으로 우리는 모든 죄를 용서받은 자요 모든 저주에서 구원을 받은 자가 되었습니다. 이미 성령 안에서 예수님의 하늘 보좌에 함께 앉은 자요(엡 2:6), 세상을 변화시킬 왕권을 받은 자이며(눅 22:29), 성령을 받은 영광스러운 하나님의 자녀와 사역자가 되었습니다. 이 진리를 전하는 말씀이 '왕의 복음'이며, '사도들이 전한 복음'입니다. 복음을 믿음으로 우리의 정체성이 바뀌었고, 삶의 모든 영역에서 예수 그리스도의 왕 되심과 주님의 통치가 나타나게 됩니다.

'칭의와 중생의 복음'은 영원히 바뀐 우리의 법적 신분(position)을 선포하는 하나님의 말씀이며, 신앙의 출발점이자 영원한 반석입니다.

복음은 거기서 멈추지 않습니다. 그런데 안타깝게도 많은 교회가 복음의 첫 번째 부분, 즉 칭의와 중생의 복음에 머물러 있습니다. 이는 씨앗의 DNA를 잘라서 절반만 심고 열매를 기대하는 것과 같습니다. 온전한 복음은 반드시 '성화의 복음'으로 이어져야 합니다.

그렇다면 '성화의 복음'(the Gospel of Sanctification)은 무엇일까요? 이는 '성령께서 믿는 신자 안에서 무엇을 이루게 하시는가'에 관한 기쁜 소식입니다. 새로운 신분을 얻은 신자가 그 신분에 합당한 성품과 능력의 사람으로 변화되어 가는 것에 관한 하나님의 말씀입니다. 예수 그리스도의 성품을 닮아 가는 변화와 성장에 대한 기쁜 소식입니다.

'칭의와 중생의 복음'은 단번에 바뀐 법적 신분을 증거하는 말씀이며, '성화의 복음'은 신자의 실제적인 상태(condition)의 변화에 관한 하나님의 말씀입니다. 예수님을 닮아 가면서 죄를 즐기던 마음이 죄를 거부하는 마음으로, 돌같이 굳은 마음이 부드러운 마음으로, 미워하고 정죄하던 마음이 사랑하고 용납하는 마음으로, 교만과 이기심으로 가득했던 마음이 겸손과 섬김의 마음으로 변화되는 놀라운 소식입니다.

성화는 단순히 도덕적인 개선이 아닙니다. 신자 안에서 복음이 맺는 영광스러운 열매입니다. 또 하나님이 베푸신 놀라운 은혜와 사랑에 감격하여서 말씀대로 살고자 하는 중심으로 살아 내는 복음의 생생한 증거입니다. 이처럼 칭의와 중생의 복음으로 시작된 구원이 성화의 복음을 따르는 삶으로 이어질 때, 비로소 건강하고 온전한 그리스도인이 세워집니다.

저는 홍정길 목사님이 가슴 아파했던 이유가 바로 여기에 있다고 믿습니다. '중생의 복음'은 힘 있게 거듭 선포되었지만, 어떤 이유인지 '성화의 복음'이 제대로 받아들여지지 않았기 때문에, 영적 신분은 바뀌었으나 삶은 바뀌지 않는 기형적인 신자들이 많아진 것입니다. 성화의 복음이 우리 삶에 뿌리내리고 열매 맺기 위해서는 세 번째 요소인 흙, 즉 신자의 마음 밭이 절대적으로 중요합니다.

2. 흙 – 문제의 핵심, 우리의 마음 밭

'흙', 즉 우리의 마음 밭이 오늘 메시지의 중심입니다. 예수님은 농부가 아무리 부지런하고 씨앗이 좋아도 흙이 좋지 않으면 열매를 맺을 수 없다고 분명히 말씀하셨습니다. 길가 밭, 돌짝 밭, 가시덤불 밭에서는 결코 30배, 60배, 100배의 결실을 볼 수 없습니다. 좋은 열매는 오직 좋은 흙에서만 거둘 수 있습니다.

이것이 홍정길 목사님이 고뇌했던 문제의 핵심입니다. 왜 열심히 제자 훈련 받고 성경 지식이 쌓여도 삶이 변하지 않을까요? 왜 입으로 "주여, 주여" 하면서 말씀대로 살지 못할까요(눅 6:46)? 그 이유는, 말씀이 신자들의 머리(이성)에는 떨어졌지만, 삶의 열매를 맺는 토양인 마음 밭에서 뿌리내리지 못했기 때문입니다.

어떤 분들은 이렇게 반문할지 모릅니다.

"우리는 예수님을 믿고 새로운 피조물이 되지 않았습니까?"

맞습니다. 그것은 만고불변의 진리입니다. 그러나 새로운 피조물이 되었다는 것은 신분의 즉각적 변화를 의미하는 것이지, 신자의 성품과 삶이 완전히 변화되었다는 뜻은 아니라는 것입니다. 그것은 이제 막 변화의 출발 선상에 선 것뿐입니다.

우리의 마음은 어떻습니까? 예레미야 17장 9절은 "만물보다 거짓되고 심히 부패한 것은 마음이라"라고 말합니다. 믿기 전에 오래 지니고 있던 심히 부패한 마음, 깊은 상처, 죄로 인한 더러움, 잘못된 가치관, 옛 사람에 길들여진 기질과 습성 등이 거듭난 신자의 마음 밭에 돌멩이, 가시덤불처럼 남아 있습니다.

그래서 히브리서 3장 12절은 "믿는 성도들을 향해 '믿지 아니하는 악한 마음'을 품지 않도록 조심하라"고 히브리서 12장 15절은 "마음에 '쓴 뿌리'가 나서 자기를 괴롭게 하고 공동체를 더럽힌다"고 경고합니다.

마음이 굳어져서 하나님의 사랑을 지식으로는 알지만 가슴으로 느끼지 못하고, 이웃의 아픔에 공감하지 못하는 신자들이 얼마나 많습니까? 용서하지 못하는 마음, 판단하고 정죄하는 습관, 음란과 탐심의 가시덤불이 자라나 말씀의 기운을 막고 있는 경우가 얼마나 많습니까?

안타깝게도, 한국 교회는 성도들에게 "거룩하게 살아야 한다"라고 바르게 가르쳤지만, 어떻게 하면 마음 밭의 돌을 골라내고 가시덤불을 제거할 수 있는지 그 구체적인 방법을 가르쳐 주지 않았습니다. 마치 의사가 "건강해야 합니다!"라고 말할 뿐, 어떻게 운동하고 무엇을 먹어야 하는지 처방해 주지 않는 것과 같았습니다.

그 결과 많은 성도들이 말씀에 순종하여 거룩하게 살고자 하는 열망은 크지만, 그와 동시에 깊은 죄책감과 좌절감에 빠지게 되었습니다.

3. 마음 밭을 기경하라

그러면 우리는 어떻게 해야 합니까? 성화의 복음을 가르치고 또 마음 밭을 기경해야 합니다. 그러기 위해서 이제 무엇을 해야 합니까? 하나님은 우리에게 '성화의 교리'를 넘어서는 '성화의 복음'을 말씀하십니다. 성화는 우리의 노력으로 이루는 고행이 아니라, 성령의 능력으로 마음이 새롭게 되어 예수님을 닮는 기쁜 여정입니다. 그렇다면 어떻게 마음 밭을 기경하여 좋은 밭으로 만들 수 있습니까?

첫째, 정직하게 회개하고 마음을 하나님께 열어야 합니다. 내 안에 반복적으로 짓는 죄, 용서하지 못하는 마음, 음란함, 숨겨진 상처들을 있는 그대로 주님 앞에 내어놓아야 합니다. 그럴 때 주님의 보혈이 더러워진 마음과 양심을 깨끗하게 씻어 주실 것입니다.

둘째, 거듭 짓는 죄를 서로 고백하고 함께 기도해야 합니다. 야고보서 5장 16절은 "그러므로 너희 죄를 서로 고백하며 병이 낫기를 위하여 서로 기도하라"라고 말씀합니다. 거듭 짓는 죄의 문제는 영적 중병의 문제입니다. 혼자 끙끙 앓거나 포기하지 말고, 믿음의 지체에게 나누고 함께 기도할 때 공동체 안에서 놀라운 치유와 회복이 일어날 것입니다.

셋째, 온유한 마음으로 말씀을 받아야 합니다. 야고보서 1장 21절은 "그러므로 모든 더러운 것과 넘치는 악을 내버리고 너희 영혼을 능히 구원할 바 마음에 심어진 말씀을 온유함으로 받으라"고 합니다. 거듭난 신자의 마음에 죄의 본성과 옛 사람에 길들여진 악한 습성이 있음을 인정하고 회개하여야 마음이 부드러워지고, 그제야 말씀의 씨앗이 깊이 뿌리내려서 구원을 이룰 수 있습니다.

넷째, 주 예수의 영광을 바라보아야 합니다. 결코 우리의 힘으로는 변할 수 없습니다. 그러나 우리가 수건을 벗은 얼굴로 거울을 보는 것같이 주의 영광을 계속해서 바라볼 때, 우리는 그와 같은 형상으로 변화하여 영광에서 더 큰 영광에 이르게 될 것입니다. 이것이 바로 성령께서 하시는 일입니다(고후 3:18).

하나님은 여전히 죄와 문제 많은 자녀들을 무한히 사랑하시며, 교회의 구성원들을 점도 흠도 없는 그리스도의 신부로 세우기 원하십니다. 그러니 모두 더 이상 열매 없는 신앙생활에 머물지 않아도 됩니다. 성경과 영적 지식만 쌓는 신앙을 넘어, 삶으로 복음을 살아 내는 '걸어 다니는 복음'이 될 수 있습니다.

먼저, 내 마음을 굳게 닫게 하는 '용서하지 못하는 사람'은 없는지 돌아보고, 예수님의 이름으로 용서를 선포하는 기도를 드리십시오. 그리고 믿을 만한 지체에게 거듭 짓는 내 죄를 고백하고 함께 기도하자고 요청하는 용기를 내십시오. 우리의 마음 밭은 바로 그 정직한 고백과 기도의 자리에서부터 기경되기 시작할 것입니다.

우리의 마음 밭이 잘 기경되어, 말씀의 씨앗이 깊이 뿌리내림으로, 30배, 60배, 100배의 열매를 맺는 복된 인생이 되시기를 주님의 이름으로 간절히 축원합니다.

교회의 목적과 신자의 목표

24이제 나는 여러분을 위하여 고난받는 것을 즐겁게 여기고 있으며,
그의 몸 곧 교회를 위하여 내 육신으로 그리스도의 남은 고난을 채
워 가고 있습니다. 25나는, 하나님께서 여러분을 위하여 하나님의 말
씀을 남김없이 전파하라고 맡기신 사명을 따라, 교회의 일꾼이 되었
습니다. 26이 비밀은 영원 전부터 모든 세대에게 감추어져 있었는데,
지금은 그의 성도들에게 드러났습니다. 27하나님께서는 이방 사람
가운데 나타난 이 비밀의 영광이 얼마나 풍성한가를, 성도들에게 알
게 하려고 하셨습니다. 이 비밀은 여러분 가운데 계신 그리스도요,
곧 영광의 소망입니다. 28우리는 이 그리스도를 전파합니다. 우리는
모든 사람을 그리스도 안에서 온전한 사람으로 세우려고 모든 사람
에게 권하며, 지혜를 다하여 모든 사람을 가르칩니다. 29나도 이 일을
위하여, 내 속에서 능력으로 활동하시는 그에게 힘을 얻어서 수고하
고 있고, 애쓰고 있습니다(골 1:24-29, 표준새번역).

오늘 나눈 골로새서의 말씀은, 사도 바울이라는 위대한 복음의 일꾼이 자신의 삶과 사역을 어떤 목적과 원리로 불태웠는지를 선

명하게 보여 주는 고백입니다. 우리는 그의 고백 속에서 교회가 나아가야 할 방향과 성도 개인이 붙잡아야 할 삶의 목표를 발견하게 됩니다.

바울의 사역은 두 개의 큰 기둥 위에 세워져 있었습니다. 하나는 '하나님의 말씀을 남김없이 전파하는 것'이고, 다른 하나는 '믿음으로 거듭난 성도들을 그리스도 안에서 온전한 사람으로 세우는 것'입니다. 그리고 이 모든 사역이 자신의 힘이 아닌 '내 속에서 능력으로 활동하시는 이'의 힘을 따라 이루어졌다고 증언합니다.

이 시간, 바울의 뜨거운 고백을 우리 심장에 새기며, 먼저 우리 자신이 그리스도 안에서 온전한 사람으로 세워지는 것을 삶의 목표로 삼고, 우리에게 맡겨진 사명을 우리 안에서 역사하시는 주님의 능력을 힘입어 감당하는 은혜가 있기를 간절히 소망합니다.

1. 교회의 두 가지 목적

사도 바울은 자신의 사역을 통해 교회가 감당해야 할 핵심적인 두 가지 목적을 분명히 제시합니다.

첫 번째 목적은 '하나님의 말씀을 세상 끝까지 전파하는 것'입니다.

> **"나는, 하나님께서 여러분을 위하여 하나님의 말씀을 남김없이 전파하라고 맡기신 사명을 따라, 교회의 일꾼이 되었습니다"**(25절, 표준새번역).

바울의 첫 번째 사명은 명확했습니다. 그것은 바로 '하나님의 말씀', 즉 십자가와 부활의 복음을 전하는 것이었습니다. 그는 이 사명을 위해 자신의 전 생애를 바쳤습니다. 개인의 안락한 삶과 결혼까지도 포기했으며, 생명의 위협 속에서도 복음 증거하는 일을 멈추지 않았습니다(행 20:24).

심지어 그는 복음을 전하며 겪는 고난을 기쁨으로 여겼습니다(골 1:24). 세상적인 시각으로는 이해할 수 없는 이 고백은, 복음의 가치가 그 어떤 고난보다 크다는 것을 알았기 때문에 할 수 있었습니다. 오해와 비방, 핍박 속에서도 그가 기뻐할 수 있었던 것은, 그 고난을 통해 교회가 세워지고 성도들이 성장하는 영광스러운 열매를 보았기 때문입니다. 이처럼 하나님의 종은 복음을 전하고 말씀을 가르침으로써 하나님과 교회를 섬기는 사람입니다.

그러나 이 사명은 사역자에게만 국한되지 않습니다. 바울은 디모데를 비롯한 모든 성도에게 "너는 말씀을 전파하라 때를 얻든지 못 얻든지 항상 힘쓰라"(딤후 4:2)고 권면하며, 모든 성도가 복음 전파의 사명에 동참해야 함을 일깨워 주었습니다.

두 번째 목적은 '각 사람을 그리스도 안에서 온전한 자로 세우는 것'입니다.

> **"우리는 모든 사람을 그리스도 안에서 온전한 사람으로 세우려고 모든 사람에게 권하며, 지혜를 다하여 모든 사람을 가르칩니다"**(28절, 표준새번역).

바울 사역의 두 번째 기둥은, 그가 추구하는 것이 단순히 많은 사람을 교회로 모으는 양적 성장에 있지 않았다는 것입니다. 그의 궁극적인 목표는 복음을 믿고 거듭난 성도 한 사람 한 사람을 '그리스도 안에서 온전한 사람'으로 세우는 것이었습니다.

그는 갈라디아 교회를 향해 "나의 자녀들아 너희 속에 그리스도의 형상을 이루기까지 다시 너희를 위하여 해산하는 수고를 하노니"(갈 4:19)라고 절절하게 외쳤습니다. '온전한 사람'이란, 신학자 존 스토트의 말처럼, 그리스도의 성품을 닮아 가는 '성숙한 신자'를 의미합니다. 이것이 바로 '성화'(聖化)입니다.

신자는 거듭난 것에 만족하지 않고, 일상의 삶에서 죄를 멀리하기 위해 힘쓰며 예수님의 성품을 닮아 끊임없이 변화되고 성장해야 합니다.

주목할 점은 28절이 '우리'라는 복수 대명사를 사용한다는 사실입니다. 성도를 온전하게 세우는 사역이 목회자 개인의 일이 아니라, 온 교회가 함께 감당해야 할 공동체의 사명임을 암시합니다(엡 4:11-12). 모든 성도가 성령 안에서 서로의 성장을 돕고, 진리와 은혜를 나누며 함께 그리스도의 장성한 분량에까지 자라가는 것, 이것이 바로 하나님께서 교회 공동체에 주신 위대한 부르심이자 축복입니다.

2. 영적 능력의 비밀: 내 안에서 역사하시는 그리스도의 능력

"나도 이 일을 위하여, 내 속에서 능력으로 활동하시는 그에게 힘을 얻어서 수고하고 있고, 애쓰고 있습니다"(29절, 표준새번역).

바울은 이 위대한 두 가지 사역을 행하는 데에 있어서 자신의 지혜나 경험, 인간적인 능력만 사용하지 않았습니다. 그의 능력의 근원은 오직 '내 속에서 능력으로 역사하시는 이', 바로 그리스도였습니다.

그 누구도 성령님을 의지하지 않고서는 하나님께서 인정하시는 열매를 맺을 수 없습니다. 인간적인 열심으로 큰 성공을 거둔 것처럼 보일지라도, 성령의 능력을 의지한 것이 아니라면 마지막 심판의 날에 불타 없어질 지푸라기와 같을 뿐입니다.

이 말씀은 예수님께서 베드로에게 주신 약속을 떠올리게 합니다.

> **"…내가 이 반석 위에 내 교회를 세우리니 음부의 권세가 이기지 못하리라"**(마 16:18).

교회는 인간의 계획이나 프로그램으로 세워지는 것이 아니라, 부활하신 예수님께서 친히 세우시고 다스리시는 생명의 공동체입니다.

오늘날 한국 교회의 위기와 사회적 혼란의 근본적인 원인은 무엇일까요? 교회가 그 사명과 사역의 원리를 잃어버렸기 때문은 아닐까요? 말로는 복음을 외치지만 복음의 능력을 구하지 않았고, 성령의 다스림을 따르지 않고, 성공과 번영을 추구하며, 세상과 다를 바 없는 가치를 자랑했기 때문은 아닐까요? 교회의 양적 성장에만 몰두하는 목회자가 어찌 성도들의 죄를 책망하며 회개를 촉구하고, 그리스도를 닮은 삶으로 나아가도록 담대히 권면할 수 있겠습니까?

교회가 먼저 회개하고 하나님의 다스림에 온전히 복종할 때, 세상을 향한 영적 권세를 회복하고 빛과 소금의 역할을 감당할 수 있을 것입니다.

3. 우리의 응답: 온전한 사람을 향한 여정

하나님께서는 오늘 우리에게 사도 바울을 본받으라고 말씀하십니다(고전 11:1). 그렇다면 우리는 어떻게 그의 삶을 본받아야 할까요?

첫째, 삶으로 복음을 증언하고, 성화를 생애의 목표로 삼으십시오.

우리의 직업이나 상황이 어떠하든, 우리는 각자의 삶의 자리에서 복음에 합당한 삶을 살며 복음을 증언해야 합니다. 물론 세상의 가치를 거슬러 복음을 따라 살기 위해서는 현실적인 고난과 어려움을 피할 수 없습니다. 하지만 그 고난을 통해 하나님의 뜻이 이루어짐을 믿고, 주님의 영광을 위해 받는 고난을 기쁨으로 받아들여야 합니다.

이를 위해 우리 마음에 먼저 '십자가 복음의 세 가지 메시지'가 뜨겁게 살아 있어야 합니다. 십자가는 하나님께서 독생자를 내어주셔야만 했을 만큼 우리가 철저한 죄인이었음을 보여 줍니다. 십자가는, 그럼에도 불구하고 하나님께서 우리를 포기하지 않고 끝까지 사랑하셨음을 보여 줍니다. 그리고 마지막으로 십자가는 이제 우리도 각자의 십자가를 지고 자기를 부인하며 예수님을 따라야 함을 보여 줍니다.

이 세 가지 메시지를 가슴에 품고 살아갈 때, 우리는 비로소 '먹든지 마시든지 무엇을 하든지 다 하나님의 영광을 위하여'(고전 10:31) 살아가는 복음의 증인이 될 수 있습니다.

둘째, 영적 성장의 책임을 스스로 지십시오.

세계적으로 유명한 윌로우크릭 교회의 빌 하이벨스 목사는 교회의 수많은 프로그램이 성도들의 영적 성숙을 보장해 주지 못했음을 고백하며, "성도들이 자신의 영적 성장을 스스로 책임져야 한다는 것을 더 적극적으로 가르치지 못한 것이 나의 잘못이었다"라고 말했습니다.

그의 고백처럼, 영적 성숙의 열쇠는 결국 각 성도가 개인적으로 하나님과 깊은 관계를 맺는 데 있습니다. 아무리 뛰어난 의사의 처방을 받아도 환자 스스로 약을 먹지 않으면 병이 낫지 않는 것처럼, 신앙 성장의 최종 책임은 각자 자신에게 있습니다. 교회의 가르침과 지도를 받되, 매일 말씀을 읽고 기도하며 하나님과 교제하는 개인의 노력이 반드시 필요합니다.

저는 과거에 하나님의 큰 은혜로, 회심 직후부터 시간을 쪼개어 성경을 읽고 전도하며, 모든 예배와 모임에 참석해 배우기를 힘썼습니다. 물론 전적인 하나님의 은혜였지만, 동시에 작은 결단과 헌신이 있었습니다.

셋째, '육신에 속한 자'를 넘어 '영에 속한 자'로 나아가십시오.

성경은 신자를 '육신에 속한 자'와 '영에 속한 자'로 구분합니다. '육신에 속한 자'는 거듭났으나 여전히 세상의 가치관을 따라 시기와 분쟁을 일으키는, 그리스도 안에서 어린아이와 같은 신자입니다(고전 3:1-3).

초대 고린도 교회는 놀라운 은사와 지식을 가졌음에도 불구하고 분열과 다툼으로 인해 바울에게 '육신에 속했다'란 책망을 받았습니다. 이는 오늘날에도 성경 지식이 풍부하고 놀라운 은사를 가졌지만, 인격적으로는 미성숙한 사역자나 성도가 있을 수 있음을 경고합니다.

우리가 추구해야 할 목표는 '영에 속한 자'가 되는 것입니다. '영에 속한 자'는 그리스도의 마음을 품고(고전 2:16), 모든 것을 성령의 인도하심을 따라 분별하며 순종하는 성숙한 신자입니다(롬 8:14).

그렇게 되기 위해서는 옛 사람을 십자가에 못 박고(갈 5:24), 말씀과 기도로 꾸준히 자라 가며(벧후 3:18), 성령의 인도하심에 민감하게 순종하는 삶을 살아야 합니다.

결론입니다. 여러분, 오늘 하나님께서는 이 말씀을 통해 우리 각자의 인생의 목적이 무엇이어야 하는지를 새롭게, 그리고 분명하게 말씀하고 계십니다. 그것은 바로 우리 자신이 먼저 '그리스도 안에서 온전한 사람'으로 성장하고, 그 성숙한 삶을 통해 세상에 복음을 증언하는 것입니다. 이 모든 여정은 우리의 힘이 아닌, 우리 안에서 능력으로 역사하시는 성령님을 따라 힘을 다하여 수고할 때 가능합니다.

이제 우리의 삶의 목표를 다시 한번 점검합시다. 세상의 성공이 아니라 그리스도를 닮아 가는 성숙을 목표로 삼고, 우리의 모든 삶의 영역에서 성령님의 다스림에 순종함으로, 우리를 통해 하나님의 나라가 확장되고 하나님의 영광이 온전히 드러나는 복된 인생이 되시기를 주님의 이름으로 축원합니다.

사도의 엄중한 책망과 권면

너희는 믿음 안에 있는가 너희 자신을 시험하고 너희 자신을 확증하라 예수 그리스도께서 너희 안에 계신 줄을 너희가 스스로 알지 못하느냐 그렇지 않으면 너희는 버림 받은 자니라(고후 13:5).

고린도후서 13장 5절 말씀은 모든 믿는 신자에게 던져지는 가장 근본적이며 엄중한 질문이자, 동시에 가장 준엄한 경고입니다.

바울 사도는 자신이 세운 고린도 교회의 문제로 깊이 근심하며 기도하는 가운데, 하나님께로부터 받은 이 준엄한 경고를 신자들에게 전하였습니다. 핵심은 '너희는 믿음 안에 있는지 너희 자신을 시험하고 너희 자신을 확증하라'는 것과, 이어서 '예수 그리스도께서 너희 안에 계신 줄을 너희가 스스로 알지 못한다면 너희는 버림받은 자이다'라는 것입니다.

주님께서 이렇게 엄중한 말씀을 전하게 하신 배경과 이유를 생각해 봅니다.

1. 엄중한 경고의 말씀이 전해지게 된 배경: 고린도 교회의 위기

첫째, 고린도 교회에는 바울의 사도직에 대해서 의심하는 이들이 있었습니다.

교회 안에 들어온 거짓 사도들의 영향을 받는 이들은 바울 사도가 외모적으로 부족하고, 웅변술이 뛰어나지 않으며, 교회에서 생활비를 받지 않는 것을 들어서 바울은 참 사도가 아니라고 단정했습니다.

그런데 주님은 사도 바울로 하여금 자신의 사도직을 변호하게 하시는 대신, 질문의 방향을 거꾸로 묻게 하셨습니다. 그들 안에 그리스도가 거한다면, 그리스도의 종인 자신을 그렇게 평가할 수 없다는 것입니다.

그리고 만약 그들 안에 그리스도가 계시지 않는다면 그들 자신이 '버림받은 자'일 수 있다는 엄중한 경고를 던지셨습니다.

둘째, 고린도 교회는 많은 은사, 지식, 열정이 있었음에도 불구하고 영적 미성숙과 도덕적 문제 등 심각한 문제를 안고 있었습니다.

분쟁과 분열이 있었습니다. 바울파, 아볼로파 등으로 나뉘어 서로를 비난하고 다투는 파당 싸움이 심각했습니다(고전 1:10-12). 또한 도덕적으로 타락하여 근친상간, 음행과 성적 부도덕이 만연했습니다(고린도전서 5, 6장).

이러한 문제들은 단순히 교회 윤리, 도덕, 질서의 문제가 아니라, 그들이 가진 믿음의 본질에 대한 심각한 질문을 던지게 했습니다. 참 믿음 안에 있고 그리스도께서 그들 안에 내재하신다면, 내재하시는 그리스도로 인해 성령의 열매가 나타나고 합당한 삶의 변화,

곧 성화됨의 증거가 있어야 했기 때문입니다.

2. 본문 명령의 세 가지 주제: 시험, 확증, 경고

바울의 사도직에 대한 의문이 결국 고린도 교인들 각자의 구원에 대한 의문으로 되돌아온 것처럼, 이 엄중한 경고는 오늘날 우리에게도 '너희가 참 믿음 안에 있는가?'라는 가장 중요한 질문을 던지고 있습니다.

다음은 우리 모두에게 주시는 가장 실제적인 자기 점검의 기준입니다.

첫째, '믿음 안에 있는가?'입니다("너희 자신을 시험하고").

바울이 제시한 시험의 기준은 주관적인 감정이나 종교적 열심이 아닙니다. 시험의 기준은 오직 예수 그리스도의 임재입니다.

"예수 그리스도께서 너희 안에 계신 줄을 너희가 스스로 알지 못하느냐?"

사도 바울은 부활하신 예수 그리스도의 실제적이고 내주하시는 임재(Indwelling)가 있는가 없는가를 기준으로 제시합니다. 우리도 스스로에게 물어야 합니다. 그리스도가 계심을 알고 있는지, 단순히 교회에 다니는 것으로 만족하고 있지는 않은지 시험해야 합니다.

> **"…누구든지 그리스도의 영이 없으면 그리스도의 사람이 아니라"**(롬 8:9).

진정한 믿음은 성화의 열매를 수반하기 마련입니다. 살아 계신 그리스도가 안에 계시다면, 주님은 더 이상 우리 삶의 주변인이 아니라 삶의 중심이 되어, 은혜로우신 왕으로 우리의 성품과 가치관을 변화시키십니다. 그러므로 '습관적인 죄를 미워하며 멀리하는가?'를 늘 확인하고, 세상과의 관계에서도 '세속적인 가치보다 그리스도의 가치를 우선하는가?'를 스스로 점검해 보아야 합니다.

둘째, 자신을 확증해야 합니다("너희 자신을 확증하라").

'확증'은 시험을 통과하여 옳다고 증명하는 것을 의미합니다. 단순히 '알고 있다'는 것을 넘어, '증명해 보여라'는 적극적인 명령입니다.

확증은 성령의 열매를 통해 이루어집니다. 우리가 믿음 안에 있다는 가장 확실한 증거는 성령께서 맺게 하시는 열매, 곧 성화됨의 증거입니다. 갈라디아서 5장 22-23절에 나오는 사랑, 희락, 화평 등의 아홉 가지 열매가 우리의 성품과 관계 속에서 드러나고 있습니까? 고린도 교회의 분쟁과 불화는 이 열매가 부족함을 반증한 것입니다.

확증은 고난과 시련 속에서 더욱 명확해집니다. 믿음이 진짜인지 가짜인지는 평상시가 아니라 고난과 시련을 만났을 때 드러납니다. 베드로전서 1장 7절은 "너희 믿음의 확실함은 불로 연단하여도 없어질 금보다 더 귀하여…"라고 증언합니다. 고난 속에서 좌절하지 않고 오히려 그리스도만을 의지할 때 우리의 믿음은 확증됩니다.

셋째, 영적 버림받음(실격)에 대해 경고합니다("그렇지 않으면 너희는 버림받은 자니라").

여기에서 '버림받은 자'(ἀδόκιμος, 아도키모스)는 '시험을 통과하지 못한 자', '가치가 없는 자', '실격자'라는 의미입니다. 이는 고린도후서 13장 6, 7절에서 '인정받은 자'와 대조됩니다. 단순히 구원의 확신이 약해진 상태가 아니라, 그리스도와 아무런 관계가 없음을 의미하는 엄중한 경고입니다. 겉으로는 신자처럼 보이나, 실제로는 그리스도의 생명이 없는 상태입니다.

이런 말씀을 주신 목적은, 교인들을 좌절시키려는 것이 아니라 자기 점검을 통해 참된 믿음으로 돌이키게 하기 위함입니다. 곧 사랑의 채찍입니다. 영적 긴장감을 주어, "지금이라도 늦지 않았다. 너희의 믿음을 시험하고 확증하여, 그리스도 안에 거하라"라는 메시지를 전달합니다.

3. 우리에게 던져지는 질문

본문의 명령은 교회의 분열, 도덕적 타락, 영적 교만, 그리고 사도 바울의 권위에 대한 도전이라는 구체적인 상황 속에서, 교인들로 하여금 스스로의 신앙과 삶의 열매를 점검해서 예수 그리스도께서 그들 안에 살아 계시는지 성찰하고 점검하게 하기 위한 것입니다. 그래서 잘못된 길에서 돌이켜 진정한 믿음과 회개에 이르도록 촉구하기 위한 엄중한 경고이자 사랑의 권면입니다.

이 명령은 교인의 외형적인 신앙생활에 만족하지 않고, 내면의 참된 믿음과 그에 따른 삶의 변화를 이루도록 촉구하는 바울의 깊은 목회적 의도를 담고 있습니다.

이 말씀은 동일하게 이 시대를 사는 우리에게도 십자가에서 우리 대신 죽고 부활하신 예수 그리스도께서 우리 안에 살아 계심을 경험적으로 알고, 그분을 따르는 삶인지 돌아볼 것을 명령하고 있습니다.

4. 내재하시는 그리스도를 알라: 성화를 향한 필수적 과정

1) 그리스도의 내주하심: 신앙의 핵심이자 축복

내재하시는 그리스도는 '영광의 소망'입니다. 골로새서 1장 25-27절 말씀은, 하나님께서 복음으로 알게 하신 놀라운 비밀이 바로 부활하신 그리스도께서 믿는 신자 안에 내재하심이라고 선언합니다. "너희 안에 계신 그리스도시니 곧 영광의 소망이니라."

그리스도의 내주하심은 신자의 현재와 영원을 보장하는 핵심 진리이며, 모든 신자가 누릴 실체이고, 장차 올 영원한 영광의 현재적 소망의 근거라는 뜻입니다. 갈라디아서 2장 20절의 "이제는 내가 사는 것이 아니요 오직 내 안에 그리스도께서 사시는 것이라"라는 고백처럼, 그리스도가 우리 신자의 삶의 주체가 되어야 합니다.

우리가 '버림받는 실격자'가 되지 않고 참된 믿음 안에 서려면, 십자가에서 우리 대신 죽으시고 부활하신 예수 그리스도께서 우리 안에 살아 계심을 경험적으로 아는 것이 필요합니다.

이를 위해서는 구원받은 신자의 '속사람'이 강건해져야 합니다. 우리는 거듭난 신자 안에 그리스도가 내주하신다는 진리를 믿을 뿐 아니라, 그 임재가 실제적인 능력이 되도록 '속사람'이 강건해져야 합니다. 에베소서 3장 16-17절에서 바울 사도는 '구원받은 성도의 속사람이 능력으로 강건하게 되기를' 간절히 기도했습니다. 이미 그리스도가 내주하시지만, 그 내주하심을 알고 삶 속에서 실제로 경험되도록 기도한 것입니다.

2) 버림받은 자의 심각한 실체와 경고

본문의 '버림받은 자'는 남들보다 죄를 더 많이 지은 신자가 아닙니다. 외형적인 신앙생활은 열심히 했으나, 진정한 구원의 체험 없이, 곧 내주하시는 그리스도의 생명이 없는 상태에 머무는 이들을 말합니다.

마태복음 7장 22-23절에서 '주의 이름으로 선지자 노릇 하며…권능을 행했다'는 자들에게 예수님은 '내가 너희를 도무지 알지 못한다'고 말씀하십니다. 직분, 은사, 봉사, 열심은 하나님의 구원과 상관이 없다는 경고입니다.

고린도 교회가 지식, 구변, 은사, 열심이 풍성했음에도 분당을 지어서 '육신에 속한 자'라는 책망을 받은 것처럼, 평생 열심히 신앙생활 했더라도 천국에 들어가지 못할 수 있다는 끔찍한 비극을 직시해야 합니다.

3) 성화의 장애물: 옛 사람의 잔재들과 쓴 뿌리, 내재하는 죄성

대부분의 신자들이 거듭났음에도 죄와 싸우다 좌절하고, 처음 믿을 때의 기쁨을 잃는 이유는 무엇입니까? 왜 그리스도의 임재와 능력을 누리지 못할까요? 성장과 성화로 이끄는 성령님께 순종하지 않고 협력하지 않기 때문입니다(엡 4:22-24). 치유되지 않은 상처, 옛 사람이 남긴 잔재들과 쓴 뿌리 등 때문에 성령님께 순종하는 것이 어렵고 여전한 죄성 때문에 거듭 죄를 짓는 것이 문제입니다.

우리가 구원받아 새사람이 되었음에도 불구하고 여전히 죄와 싸워 지치는 근본적인 이유는, 우리 안에 '옛 사람의 잔재'와 '죄성'

이 있기 때문입니다.

'옛 사람의 잔재'란 우리가 그리스도를 만나기 전에 죄와 세상의 가치관에 길들여져 형성된 모든 습성, 왜곡된 기질, 그리고 잘못된 관점입니다. 에베소서 4장 22절에서 바울이 명령했듯이, 우리는 유혹의 욕심을 따라 썩어져 가는 구습을 따르는 옛 사람을 벗어 버려야 합니다. 베드로전서 2장 1절이 "모든 악독과 모든 기만과 외식과 시기와 모든 비방하는 말을 버리고"라고 촉구하는 것은, 옛 사람의 잔재들을 구체적으로 제거해야 함을 보여 줍니다.

가장 심각한 장애물은 거듭난 신자 안에 여전히 내주하며 활동하는 '죄의 본성', 즉 죄의 기질입니다. 사도 바울은 로마서 7장 20절에서 "만일 내가 원하지 아니하는 그것을 하면 이를 행하는 자는 내가 아니요 내 속에 거하는 죄니라"라고 탄식하며, 신자 안에 거하는 죄의 실체를 고백했습니다.

'육체의 소욕'은 갈라디아서 5장 17절 말씀처럼 성령을 거슬러 끊임없이 우리를 육체의 궤적으로 끌어들이며, 우리가 그리스도의 뜻이 아닌 자기중심적인 선택을 하도록 유혹합니다. 이러한 죄성은 오직 내주하시는 그리스도의 능력으로 다루어져야 합니다.

또한 '쓴 뿌리'도 우리로 하여금 거듭 죄를 짓게 합니다. 쓴 뿌리(Bitter Roots)란 용서하지 않음, 치유받지 못한 깊은 상처, 거절감, 원망 등에서 비롯되어 무의식적으로 작동하며, 왜곡된 반응을 일으켜 결국 영적 성장을 막는 주된 장애물입니다(히 12:15). 마음에 쓴 뿌리가 많으면 씨 뿌리는 비유의 가시덤불 밭처럼 많은 열매를 맺기 어렵습니다(눅 8:7).

개혁교회는 이신칭의(以信稱義)를 믿고 성화를 강조했지만, 죄의 욕망을 이기고 옛 사람을 죽이는 성경적 성화법을 구체적으로 제시하지 못했다는 비판이 있습니다(서철원 박사). 이로 인해 많은 신자가 율법주의 망령 속에서 첫사랑, 기쁨과 평안을 잃고 좌절합니다.

4) 성경적 내적 치유: 속사람을 강건하게 하는 길

그러므로 성화의 열매를 맺으려면, 속사람이 강건해져야 하며, 그리스도의 내주를 실제로 경험하려면, 성경적인 내적 치유의 실제적 적용이 필수적입니다.

먼저 회개하지 않은 죄의 자백이 필요합니다. 성령님의 빛으로 깨우쳐 주시는 죄를 인지하고 하나님께 회개하고, 믿을 만한 신자에게 고백하여 죄의 사슬을 끊어야 합니다(요일 1:9; 약 5:16).

그리고 악한 영들이 상처와 죄로 틈을 타 신자의 상태를 억압할 수 있으므로, 예수 그리스도의 권세로 꾸짖어 쫓아내야 합니다(약 4:7).

쓴 뿌리를 인지하고 회개하며 기도로 뿌리 뽑아야 합니다(히 12:14-15).

또 옛 사람의 죽은 것을 믿고 잔재들을 십자가에서 죽게 해야 합니다. 신자 안에 남아 있는 옛 사람의 습성, 잔재들, 육체의 소욕을 인지하고, 의롭다 하심을 받아 새사람 된 것을 믿음으로 인한 바른 정체성을 가지고, 믿음의 기도로 옛 사람이 아니라 그의 잔재들을 십자가에 못 박아야 합니다(롬 6:11; 엡 4:22-24).

마지막으로 말씀을 사모해야 합니다. 말씀은 신자의 마음을 거룩하게 하고 구원할 능력이 있으므로, 마음을 진리의 말씀으로 채워야 합니다(요 17:17; 약 1:21).

이러한 내적 치유 과정을 통해 속사람이 강건해지면, 흔들리지 않는 믿음, 바른 정체성, 내적 평안과 기쁨, 죄에 대한 승리, 그리고 삶의 목적과 방향의 명확성 그리고 성화의 전진을 경험하게 됩니다.

5) 능력으로 역사하시는 그리스도를 따라 수고하라

속사람이 강건해지고 그리스도의 내주하심을 믿어서 그리스도를 경험하는 궁극적인 목적은, 하나님의 영광과 그 나라를 바르게 섬기기 위해 건강하고 행복한 삶을 살아가기 위함입니다.

첫째로 우리에게는 그리스도 안에서 완전한 자로 세우는 사명이 있습니다. 골로새서 1장 28절은 "우리가 그를 전파하여 각 사람을 권하고 모든 지혜로 각 사람을 가르침은 각 사람을 그리스도 안에서 완전한 자로 세우려 함이니"라고 사도의 사역 목적을 밝힙니다. 우리 자신이 완전한 자로 세워지고, 우리가 섬기는 이들이 그리스도 안에서 완전한 자로 세워지게 해야 합니다.

둘째로 그리스도의 능력에 의존하는 삶을 살아야 합니다. 골로새서 1장 29절은 "이를 위하여 나도 내 속에서 능력으로 역사하시는 이의 역사를 따라 힘을 다하여 수고하노라"라고 고백합니다. 여기서 우리는 신자의 진정한 능력의 근원이 우리 안에서 능력으로 역사하시는 그리스도에게 있음을 바로 알아야 합니다. 능력의 주체 변화가 필요합니다. 우리의 힘과 지혜가 아니라, 우리 안에서 살아 역사하시는 그리스도의 능력과 지혜에 의존하는 법을 배우고 우리의 부르심을 이루어야 합니다(빌 4:13).

셋째로 삶의 주도권이 변화해야 합니다. 더 이상 나의 자아(Self)가 아니라 우리 안에 계신 그리스도가 나의 주인, 진정한 왕이 되게 하여서 우리가 범사에 그분께 순종함으로 진정한 자유와 평안을 누릴 수 있어야 합니다(롬 8:9-10).

그러면 목표와 동기가 변화합니다. 우리의 삶이 세상적 성공을 넘어 하나님의 나라라는 영원한 가치를 추구할 때, 우리는 진정한 행복과 성취로 이어지게 됩니다(마 6:33).

결론입니다. 우리는 고린도후서 13장 5절의 엄중한 경고, 거룩한 말씀 앞에 섰습니다. '버림받은 실격자'가 되지 않기 위해 우리 안에 예수 그리스도께서 계시는지를 철저히 점검해야 합니다. 이것은 우리를 두렵게 하기 위함이 아니라, 그리스도 안에서 주어지는 풍성한 생명과 교제, 능력, 그리고 구원의 확신을 온전히 갖기 위함입니다.

이를 위해 우리는 다음과 같은 중요한 진리를 붙들고 나아가야 합니다.

첫째, 그리스도께서 우리 안에 내주하신다는 복음의 진리를 온전히 믿으십시오(골 1:27). 이것은 우리의 신앙생활의 가장 기본적인 핵심입니다.

둘째, 성령님이 역사하시는 내적 치유로 '속사람'이 강건하게 되게 하십시오(엡 3:16-17). 이를 위해 '옛 사람의 잔재'와 '쓴 뿌리'를 다루는 성경적 내적 치유가 필수적입니다. 회개하지 않은 죄를 자백하여 씻김 받을 뿐 아니라 죄성을 약하게 하고, 쓴 뿌리를 제거하며, 옛 사람의 잔재들을 십자가에 거듭 못 박고, 주 예수님을 바라보는 삶을 살아가야 합니다(고후 3:18).

마지막으로, 우리 안에서 능력으로 역사하시는 그리스도의 다스리심을 따라 힘을 다하여 수고하고 애쓰는 삶을 사십시오(골 1:29). 그러면 겸손의 덕을 가지게 되며 오직 십자가만을 자랑하여 하나님께 모든 영광을 돌리는 참 예배자의 삶이 가능해집니다.

여러분, 주님께서 오늘 우리에게 엄중한 질문을 던지십니다.

"예수 그리스도께서 너희 안에 계신 줄을 너희가 스스로 알지 못하느냐?"

이스라엘의 사사 시대에 "이스라엘에 왕이 없었으므로 사람마다 자기 소견에 옳은 대로 행하였더라"(삿 17:6)라는 말씀처럼, 우리 안에 계시는 그리스도를 외면하고 내 마음, 내 뜻, 내 성질대로 살고 있지 않습니까? '더 이상 내가 아니라, 내 안에 살아 계시는 그리스도로 살아갑니다'(갈 2:20)라고 고백하게 되길 바랍니다. 우리의 창조주이며 구원의 주이신, 내주하시는 주님과 동행하는 삶을 통해 '하나님께 인정받는 온전한 자'로 굳건히 서는 은혜를 우리 주 예수 그리스도의 이름으로 간절히 축원합니다.

[1강] 왜 지금 성화인가?
- 교회의 위기와 복음의 기초

모든 사람과 더불어 화평함과 거룩함을 따르라 이것이 없이는 아무도 주를 보지 못하리라(히 12:14).

26이 비밀은 만세와 만대로부터 감추어졌던 것인데 이제는 그의 성도들에게 나타났고 **27**하나님이 그들로 하여금 이 비밀의 영광이 이방인 가운데 얼마나 풍성한지를 알게 하려 하심이라 이 비밀은 너희 안에 계신 그리스도시니 곧 영광의 소망이니라(골 1:26-27).

우리가 알거니와 우리의 옛 사람이 예수와 함께 십자가에 못 박힌 것은 죄의 몸이 죽어 다시는 우리가 죄에게 종노릇하지 아니하려 함이니(롬 6:6).

이어지는 세 번의 강의는 세 가지 질문에 대한 답을 찾는 여정이 될 것입니다.

첫째, '성화가 왜 그토록 중요하고 시급한 문제인가?'라는 질문을 통해서 한국 교회가 당면한 위기의 원인을 직시할 것입니다. 둘째,

'성화가 왜 이토록 어려운가?'라는 질문을 통해 우리의 내면을 진단하고, 내적 걸림돌들의 실체를 직시할 것입니다. 마지막으로, '어떻게 우리의 한계를 돌파하여 성화의 여정을 계속 갈 것인가?'라는 질문을 통해 성령께 온전히 위탁하는 '주체의 전환'이 왜 필수적인지, 그 성경적 근거를 살펴보게 될 것입니다.

그래서 1강에서는 성화의 기초와 핵심 원리를, 2강에서는 성화의 심화 과정인 내적 치유를, 그리고 3강에서는 성화의 최종적 동력인 주체의 전환으로 나아가는 성화의 큰 그림을 살펴볼 것입니다. 오늘은 그 첫 번째 강의입니다.

먼저 성화란 무엇인가, 그 정의를 살펴봅니다. '성화'란 신자가 성령님의 인도에 순종함으로, 죄로부터 점점 더 자유롭게 되고 그리스도의 형상을 닮아 가는 지속적인 변화의 여정입니다(참고: 웨인 그루뎀 《조직신학》 38장 성화(Sanctification, Growth in Likeness to Christ), 1994년 초판, 영어 원서 746쪽 "Sanctification is a progressive work of God and man that makes us more and more free from sin and like Christ in our actual lives").

"그러므로 나의 사랑하는 자들아 너희가 나 있을 때뿐 아니라 더욱 지금 나 없을 때에도 항상 복종하여 두렵고 떨림으로 너희 구원을 이루라 너희 안에서 행하시는 이는 하나님이시니 자기의 기쁘신 뜻을 위하여 너희에게 소원을 두고 행하게 하시나니"(빌 2:12-13).

"모든 사람과 더불어 화평함과 거룩함을 따르라 이것이 없이는 아무도 주를 보지 못하리라"(히 12:14).

1. 왜 지금 성화인가? - 그 절실한 필요성

'성화'(聖化)는 히브리서 12장 14절 말씀처럼, "이것이 없이는 아무도 주를 보지 못하리라"는 하나님의 절대적인 명령입니다. 여기서 '주를 보지 못하리라'라는 경고는 궁극적으로 하나님의 영광에 참여하지 못한다는 뜻입니다.

거룩함을 따르는 삶의 열매가 없을 때 고린도후서 13장 5절의 "너희는 믿음 안에 있는가 너희 자신을 시험하고 너희 자신을 확증하라…그렇지 않으면 너희는 버림 받은 자(ἀδόκιμος, 아도키모스)니라"라는 엄중한 말씀을 마주하게 됩니다.

성화는 구원을 '얻는' 조건이 아니지만, 구원이 '참되게 이루어지고 있음'을 입증하는 증거입니다. 성경은 일관되게, 믿음과 은혜로 구원을 받은 신자는 반드시 성화의 삶을 살아야 한다고 강조합니다. 칭의와 중생은 구원의 출발로서 전적인 하나님의 은혜로 되었지만, 우리를 구원하신 하나님의 은혜는 반드시 성화로 나타나야 합니다.

1) 한국 교회의 현실적 위기: 병든 나무와 병의 뿌리

한국 교회는 대략 1980년부터 2010년까지 세계적인 성장을 경험했습니다. 그러나 지금은 그 뿌리부터 흔들리는 심각한 위기에 빠져 있습니다.

(1) 통계로 본 위기의 현실(숫자적 위기)

통계청과 한국 갤럽의 조사에 따르면, 1995년부터 2023년까지 28년 동안 개신교 인구는 105만 명이나 감소했습니다(876만 명→771만

명). 인구는 600만 명이 증가했는데 개신교인 숫자가 감소했다는 사실은, 교회가 언제부터인가 역성장을 시작했음을 보여 줍니다.

인구 대비 개신교인의 비율은 2012년에 정점(22.5%)을 찍고 난 다음부터 계속 감소하고 있습니다. 2012년에 약 22.5%였던 것이, 2023년에는 약 15%로 2012년 대비 7.5%가 감소했습니다. 이런 통계는, 교회에서 그동안 강조해 온 가르침과 실천에 본의는 아니지만 어떤 오류가 있었고, 지도자들이 회개해야 할 문제가 있음을 알게 합니다.

(2) 위기의 결정적 변곡점: 2010년대 초반의 충격적 사건들

그러면 2012년부터 교인이 줄어들게 된 어떤 특별한 계기가 있었을까요?

제가 알기로 2010년부터 여러 대형 교회에서 담임목사들이 자녀들에게 교회를 물려주기 시작했으며, 그것이 결국 큰 기폭제 역할을 했습니다. 그동안 표면으로 드러나지 않았지만 교회가 하나님의 말씀으로부터 점점 멀어짐으로 많은 문제들이 있었는데 세습 같은 일을 통해 겉으로 드러나게 된 것입니다.

여러 대형 교회들이 교회를 세습했고, 그렇지 않은 한 대형 교회에서는 후임 목사가 전임 목사를 따르는 부교역자들에게 폭행당한 사건이 있었습니다. 그래서 2012년 들어 주요 교단들이 목회 세습 금지법을 제정했습니다. 이런 사건들로 인해 교회 권위와 신뢰도가 급속하게 하락했고, 많은 청년층이 이탈했으며, 가나안 성도들이 증가하였습니다.

그런데 우리는 여기서 잠시 멈추어 생각해 보아야 합니다. 이 문제가 과연 소수 지도자들만의 문제라고 볼 수 있을까요? 우리가 그런 입장이었다면 그런 결정을 하지 않을 것이라는 확신이 있나요?

생각해 보면, 그런 사태의 근저에는, 교회가 세상이 추구하는 가치 곧 명예, 물질, 권력을 따랐고, 육신의 욕망을 다스리지 못한다는 문제가 있습니다. 그 아래에는 '성화의 부재'라는 근본적인 문제가 있습니다. 그런데 이 문제에 관해서 자유로울 신자가 얼마나 되겠는지요? 그래서 오늘 '왜 지금 성화인가? - 그 절실한 필요성'을 다루는 것입니다.

그러나 성경은 지도자들에게 더 큰 책임을 묻습니다.

> **"내 형제들아 너희는 선생된 우리가 더 큰 심판을 받을 줄 알고 선생이 많이 되지 말라"**(약 3:1).

교회의 지도자, 그중에서도 큰 선생이라는 분들이 세상의 논리와 가치를 따르고 교회를 사유화하려 했다면, 그 책임은 더 엄중할 수밖에 없습니다. 우리 주, 예수 그리스도라면 절대로 그러지 않으셨을 것입니다. 그들이 예수 그리스도를 닮는 성화의 여정에 충실했다면 그러지 않았을 것입니다.

(3) 실패의 열매: 가나안 성도와 명목상 교인의 증가(신앙적 위기)

그런데 교인 숫자가 감소하면서 동시에 신앙의 질적 위기가 드러났습니다.

2023년 11월의 목회데이터연구소 발표에 따르면, 교회에 출석하는 교인 중 39.5%가 '명목상 교인'이고, '가나안 성도'가 29.3%였습니다. 이 둘을 합하면, 개신교인의 57.2%라는 충격적인 현실을 보여 줍니다.

(4) 위기의 증상(가지/열매)과 근본 원인(뿌리)

어떤 분들은 문제의 원인이 목회자의 윤리 문제, 불투명한 재정, 권위주의적 문화라고 지적합니다. 물론 이런 것들은 고쳐져야 할 문제들입니다. 그러나 그런 원인은 나무로 비유하면 '잘라낼 병든 가지들'입니다. 우리는 더 깊은 '뿌리 문제'가 있는지 찾아보아야 합니다.

저는 한국 교회가 위기에 빠진 근본 원인이 두 가지라고 봅니다. 첫째는 말씀대로 성령님을 알게 하지 않았고, 둘째는 말씀대로 성화(聖化)되는 것을 가르치지 않았기 때문입니다.

(5) 성화 부재의 실체: 'How 실천적 방도'의 부재

물론 많은 설교자들은 예수 그리스도의 '단 한 번의 제사'로 의롭다 함을 받았고(칭의) 영원히 온전케 되었다(히 10:14)고 선포합니다. 말씀대로 거룩하게 살아야 한다고 가르칩니다. 그러나 문제는 다음과 같습니다.

첫째, 많은 설교자들이 성장주의적 목회 환경과 사역의 분주함 속에서 신자들이 자주 짓는 죄를 지적하고 회개하도록 이끌지 않았습니다. 죄로부터 점점 더 멀어지고, 자유롭게 되는 것이 성화인데, 신자들이 많이 짓는 죄들을 바르게 지적하고, 회개로 이끌지 않았습니다.

둘째, '어떻게'(How) 성화의 삶을 살 것인지에 대해 가르치지 않았습니다. 구원받고 새사람 된 성도의 속에서 왜 분노, 음란 같은 죄의 충동이 올라오는지, 또 그것을 어떻게 다루어야 하는지에 대해서 성경적으로 말하지 않았습니다. 예수님의 제자들과 사도 바울이 어떻게 내면의 죄와 처절하게 싸웠고, 어떻게 성화의 삶을 살았는지에 대해서 가르치지 않았습니다.

셋째, 성화를 이루려면 성령의 인도하심에 순종해야 하는데, 일반 신자들의 입장으로는 성령의 일하심에 대한 구체적인 가르침이 부족했습니다. 다만 '더 기도하십시오', '성경을 더 읽으십시오'라는 말만 반복했습니다. 이것은 마치 어떤 의사가 중환자에게 "건강해지십시오"라고 말하면서 정확한 진단과 처방을 주지 않는 것과 같습니다.

(6) 성화 부재의 결과: 영적 무력감과 위선

그래서 많은 신자들이 내면에서 끝없이 올라오는 죄의 욕망과 싸우다 넘어져 죄를 짓고, 그러다 지쳐서 신앙적 좌절과 무력감에 빠졌습니다. 오래 믿어도 해결되지 않는 죄의 충동, 죄를 멀리하지 못하고 변화되지 않는 자신의 모습과 공동체에 낙심해서 가나안 성도가 되거나, 명목상 교인이 되었습니다.

이런 해석의 첫째 근거는, '가나안 성도'들을 대상으로 한 설문조사입니다. 그들은 교회를 떠난 이유가 '교인들과 지도자들의 변하지 않는 모습, 위선적인 모습', '교회의 이기심'이라고 밝혔습니다. 그들이 말하는 '변하지 않는 삶, 거룩하지 않은 삶'이야말로 성화의 부르심을 따라 살지 않음으로 인해서 나타나는 위선적 모습입니다.

그런데 성화의 부르심과 성화에 합당한 바른 교훈을 배우지 못한 신자들과 지도자들은 자연히 위선적이 될 수밖에 없습니다. 그래서 오랜 성화의 부재가 교회를 끝없는 위기에 빠지게 한 것입니다.

(7) 실패의 구조적 원인: '성화'보다 '성장' 중심의 목회관

그렇다면 한 걸음 더 들어가서 질문해야 합니다. '왜 이렇게 되었는가?'

제가 보기에 오늘날 많은 목사님이 하나님의 명령인 '성화'보다 교회의 외적 부흥을 더 중요하게 여기고 있는 것 같습니다. 제가 알기로, 오늘날 교계 지도자들이 1970~2000년대 폭발적인 교회 성장기에 신앙과 목회를 배운 분들입니다. 그 시기는 '신자의 성숙, 성화'보다 '수적 부흥'이 압도적인 시대였습니다. 그런 환경 속에 성화를 깊게 배우거나 경험할 기회가 없었을 것입니다. 그러니 자신들이 깊이 경험하지 못한 성화를 가르칠 수 없었을 것입니다.

결국 오랜 '성화의 부재'가 오늘날 같은 심각한 위기에 빠지게 한 것입니다.

(8) 두 번째, 신학적 증언: 서철원 박사의 글

이런 문제 지적은 물론 저 혼자만이 아닐 것입니다. 권위 있는 신학자 서철원 박사는 이런 글을 발표했습니다.

> "교회는 성화의 필요성은 강조하면서 죄의 욕망 혹은 육의 욕망을 죽이는 법을 말해 주지 않았다. 어떤 설교자도 죄의 욕망으로 넘어가지 않는 법을 말해 주지 못했다. 그래서 그리스도인들이 처음 믿을 때 경험한 구원의 기쁨, 감격, 평안이 믿음 생활이 진행되면서는 점점 사라졌다. 죄의 욕망과 대항해서 싸워 죄로 넘어지지 않으려고 노력하면 할수록 더 죄의 욕망으로 끌려 들어가고 거기서 나올 수가 없었다. 그래서 믿음 생활을 하면서 마음에 기쁨과 평안을 다 잃어버렸다."

이 글은 성화의 부재/공백이, 오늘날 교회들이 겪는 영적 좌절과 쇠퇴의 뿌리임을 보여 줍니다. 그러면서 서철원 박사는 이에 대한 유일한 해답이 "그 아들 예수의 피가 우리를 모든 죄에서 깨끗하게 하실 것이요"(요일 1:7)라는 복음을 선포하는 데 있다고 했습니다.

저도 이 가르침에 동의합니다. '예수의 피'와 '십자가의 말씀'을 선포하여 죄의 욕망을 대적하는 것은 성화의 중요한 방편입니다.

제가 초신자였을 때 제 안에서 올라오는 죄의 충동이 매우 많아 하루에도 열 몇 번이나 말씀을 선포했으며, 지금도 자주 그렇게 합니다. 그러나 우리는 이 외에 어떤 문제가 있는지 성경을 살펴보아야 합니다. 말씀의 능력이 신자들의 마음 밭에 뿌리를 내리고 좋은 열매를 맺지 못하게 하는 어떤 또 다른 문제가 있는지 찾아보아야 합니다.

2) 성화, 타협할 수 없는 하나님의 명령이자 구원의 본질

그런데 왜 '성화와 성화에 합당한 바른 교훈'이 이토록 중요할까요?

성화가 중요한 이유는, 성화가 타협할 수 없는 하나님의 뜻이며, 구원의 실상이기 때문입니다.

> **"하나님의 뜻은 이것이니 너희의 거룩함이라…"**(살전 4:3).

성경은 하나님께서 우리를 구원하신 궁극적인 목표(Goal)가 우리로 하여금 '예수 그리스도를 닮게 하는 것'이라고 말씀합니다.

> **"하나님이 미리 아신 자들을 또한 그 아들의 형상을 본받게 하기 위하여 미리 정하셨으니 이는 그로 많은 형제 중에서 맏아들**

이 되게 하려 하심이니라"(롬 8:29).

히브리서 12장 14절은 "…거룩함을 따르라 이것이 없이는 아무도 주를 보지 못하리라"라고 엄중히 경고합니다. 이는 성화가 선택 사항이 아니라 구원의 본질임을 알려 줍니다. 여기서 '주를 본다'는 것은 현세적 구원과 영원한 구원 모두를 가리킵니다.

그런데 교회가 오랫동안 성화를 명하신 하나님의 뜻을 외면했습니다. 복음의 DNA를 둘로 나누어, 칭의와 중생은 전하고 성화를 제거했습니다. 그러니 복음의 생명력이 점차 쇠약해진 것입니다.

오늘날 예수님은 이 말씀을 들으라고 다시 외치시는 줄로 압니다.

"때가 찼고 하나님의 나라가 가까이 왔으니 회개하고 (온전한) **복음을 믿으라"**(막 1:15).

그리고 신자가 닮을 예수 그리스도에 관한 가르침도 여러 가지로 되돌아보아야 할 부분이 있습니다. 많은 교회가 예수 그리스도가 공생애 동안 스스로 말씀하거나 일하시지 않고 오직 하나님을 보고 따랐다는 점을 가르치지 않습니다. 오직 성령으로 일하셨음을 말하지 않습니다.

"내가 진실로 진실로 너희에게 이르노니 나를 믿는 자는 내가 하는 일을 그도 할 것이요 또한 그보다 큰 일도 하리니 이는 내가 아버지께로 감이라"(요 14:12).

"내가 그리스도를 본받는 자가 된 것 같이 너희는 나를 본받는

자가 되라"(고전 11:1).

이런 말씀을 가르치지 않습니다.

그래서 오래 기다리신 하나님께서 드디어 교회를 책망하시며, 회개하도록 이끌고 계시는 줄 압니다. 베드로전서 4장 17절에서 "하나님의 집에서 심판을 시작할 때가 되었나니…"라고 말씀하고 있고, 요한계시록 2-3장에서는 일곱 교회에 대한 예수님의 책망과 권고가 기록되어 있습니다. 또한 히브리서 12장 6절은 "주께서 그 사랑하시는 자를 징계하시고…"라고 말씀합니다.

여러분은 지금 하나님께서 어떤 방식으로 교회를 책망하시는지, 그리고 교회에서 시작된 징계가 한국 전체에 임하고 있는 것을 느끼십니까?

복음은 우리를 죄의 형벌과 저주에서 구원하는 데 그치지 않고, 우리를 다스리는 죄의 권세로부터 해방하는 기쁜 소식입니다. 성화는 선택 사항이 아니라 구원의 본질입니다. 그러므로 교회가 처한 위기를 극복하고 거룩한 교회가 되려면, 반드시 온전한 복음, 성화의 복음을 전하고 복음에 합당한 교훈을 가르쳐야 합니다.

사도 바울은 당신이 기록한 성경 교훈에 관해 "이 교훈은 내게 맡기신 바 복되신 하나님의 영광의 복음을 따름이니라"(딤전 1:11)라고 했습니다. 교회는 성화의 복음과 성화에 합당한 교훈을 가르쳐야 합니다.

2. 성화가 어떻게 이루어지는가?

성화란, 신자가 성령님의 인도에 순종함으로 죄로부터 점점 더 자유롭게 되고 그리스도의 형상을 닮아 가는 지속적인 변화의 여정입니다.

구원의 여정은 크게 칭의, 성화, 영화의 세 단계로 요약됩니다. '칭의'(稱義)는 예수 그리스도를 믿을 때, 하나님께서 "너는 의인이다"라고 선포해 주시는 법정적·신분적 변화의 단회적 사건입니다. '성화'(聖化)는 칭의를 받은 그 순간부터 성령께서 이끄셔서 신자가 죄를 멀리하고 예수 그리스도의 성품을 닮는 '평생의 여정'입니다. 두렵고 떨림으로 성령을 따라 이루는 구원의 현재 진행형입니다(빌 2:12). 그리고 '영화'(榮化)는 주님 재림 시, 우리의 육신과 영혼이 완전하게 변화되는 구원의 완성입니다.

이 여정 중에서 성화가 구원의 현재형이므로, 성화가 빠진 신앙은 반드시 왜곡됩니다. 성화는 우리 대신 십자가에 달리셨고 부활하셔서 우리 안에 거하시는 거룩한 예수 그리스도를 닮아 가는, 필연적이고 영광스러운 여정입니다. 물론 피 흘리기까지 죄와 싸우는 것은 죽을 만큼 힘듭니다.

그러나 그런 죄인을 사랑하셔서 구원하셨고 우리들의 마음에 계시는 주님의 사랑과 은혜에 감격해서 자원함으로 나아가는 것이 성화의 원동력입니다. 이런 점에서 성화는 정원 가꾸기에 비유할 수 있습니다. 아무리 아름답게 꾸민 정원도 꾸준히 돌보지 않으면 곧 망가집니다. 우리는 꾸준히 믿음의 밭, 마음 밭의 죄와 옛 사람의 기질, 습관이라는 잡초와 쓴 뿌리들을 뽑아 내고, 은혜의 공기와 양분을 공급해 주어야 합니다.

성화를 외면하고 계속 육신의 소욕을 따르는 신자는, 자신만 하나님의 말씀을 따르지 않는 죄를 짓고 영적으로 손해 보는 것이 아닙니다. 그 죄는 공동체의 거룩을 무너뜨리고 다른 신자들의 신앙을 더럽힙니다.

특히, 신앙생활을 오래 한 집사, 장로, 심지어 목사가 성화를 외면하고 육신에 끌려 산다면 정말 심각한 문제입니다. 이런 일들은 마치 남의 둥지에서 부화한 뻐꾸기 새끼가 다른 새의 새끼들을 밀어내 죽이는 것같이 다른 신자의 신앙을 죽이는 악의 누룩과 같습니다. 자기만 말씀을 따르지 않는 죄를 짓는 것일 뿐 아니라 공동체에 해악을 끼치는 것입니다.

> **"너희가 자랑하는 것이 옳지 아니하도다 적은 누룩이 온 덩어리에 퍼지는 것을 알지 못하느냐"**(고전 5:6).

3. 성화의 핵심 원리 - 내주하시는 그리스도

성화의 핵심 원리는, 거룩해지려는 신자의 노력이나 결단이 아니라 내재하시는 '그리스도'(골 1:27)를 알도록 성령께 온전히 위탁하는 것입니다. 성화의 모든 씨름을 종결짓는 영광스러운 동력은 바로 '우리 안에 계신 그리스도'를 아는 것입니다.

> **"이 비밀은 만세와 만대로부터 감추어졌던 것인데 이제는 그의 성도들에게 나타났고…이 비밀은 너희 안에 계신 그리스도시니 곧 영광의 소망이니라"**(골 1:26-27).

이 말씀처럼 성화는 우리가 노력해서 거룩해지는 것이 아니라, 우리 안에 계신 그리스도를 앎으로 영광의 소망이 이루어지는 은혜의 사건입니다.

1) 목표 설정: 그리스도를 닮는 것

성화는 죄를 멀리하고 예수 그리스도를 닮는 것을 인생의 목표로 삼는 것으로 시작됩니다.

> “내가 이미 얻었다 함도 아니요 온전히 이루었다 함도 아니라 오직 내가 그리스도 예수께 잡힌 바 된 그것을 잡으려고 달려가노라 형제들아 나는 아직 내가 잡은 줄로 여기지 아니하고 오직 한 일 즉 뒤에 있는 것은 잊어버리고 앞에 있는 것을 잡으려고 푯대를 향하여 그리스도 예수 안에서 하나님이 위에서 부르신 부름의 상을 위하여 달려가노라”(빌 3:12-14).

우리가 달려갈 경주의 푯대는 그리스도 예수를 닮는 것이며, 그 결과 하나님이 위에서 부르신 부름의 상을 받는 것입니다.

2) 속사람의 강건함

성화되려면 속사람이 강건해지는 것을 구해야 합니다(엡 3:16). 사도 바울은 이미 거듭나고 성령의 인침을 받은 에베소 교회 신자들을 위해서 “그의 성령으로 말미암아 너희 속사람을 능력으로 강건하게 하시오며”라고 기도했습니다(엡 3:16).

그리스도께서 이미 그들의 마음에 계시니, 그 주님을 알고 주님의 사랑에 뿌리를 박고 하나님의 모든 충만으로 충만해지기 위해서는 먼저 속사람이 강건해져야 합니다.

속사람이 강건해지기 위해서는 다음 세 가지가 반드시 필요합니다.

첫째는 '회개와 마음의 치유'입니다. 회개하지 않은 죄와 치유받지 못한 상처는 하나님의 은혜가 흐르는 것을 막는 댐과 같습니다. 참된 회개와 상한 마음을 치유받아야 은혜의 통로가 계속 열리게 됩니다.

둘째는 '복음적인 정체성'입니다. 신자는 비록 내면에서 죄와 육신의 충동이 계속 올라와도, 그리스도를 믿음으로, 하나님의 주권적인 은혜로, 자신의 옛 사람은 그리스도와 함께 죽었고 '새사람'(골 3:10)이 되었다는 복음적인 정체성 위에 굳게 서 있어야 합니다.

셋째는 '하나님의 사랑 체험'입니다. 십자가로 확증되고 성령으로 부어 주시는 하나님의 사랑을 체험할 때, 속사람은 흔들리지 않는 안정감을 얻고 말씀이 삶에 깊이 뿌리내리게 됩니다. 공동체에서 서로 사랑을 주고받음으로 속사람이 강건해집니다.

3) 내주하시는 그리스도를 믿는 믿음

내주하시는 그리스도를 믿는 믿음이 필요합니다(골 1:27; 고후 13:5). 거룩하고 전능하신 그리스도께서 '내 마음'에 거하신다는 이 놀라운 진리를 믿는 믿음이 있어야 합니다.

사도 바울은 "너희는 믿음 안에 있는가 너희 자신을 시험하고 너희 자신을 확증하라 예수 그리스도께서 너희 안에 계신 줄을 너희가 스스로 알지 못하느냐 그렇지 않으면 너희는 버림받은 자니라"(고후 13:5)라고 강력하게 경고합니다. 내주하시는 그리스도를 아는 것은 절대 선택적인 지식이 아닙니다. 내주하시는 주님을 믿는 믿음은 구원받은 성도임을 증명하는 진리이고, 성화를 이루는 영광의 소망입니다(골 1:27).

이 진리를 믿을 때, 성화는 '죄짓지 않으려는 몸부림'에서 '그 사랑에 감격하여 자발적으로 순종하는 여정'으로 전환됩니다. 그럴 때, 하나님의 사랑과 충만으로 가득 채워져 그것을 누리고 흘려보내는 귀한 통로가 됩니다. 더 이상 세상 것으로 채워진 그릇이 아니라, 하나님의 충만으로 가득 찬 깨끗한 그릇으로 하나님의 모든 충만을 흘려보내는 통로가 됩니다.

4. 성화를 위한 보편적인 은혜의 방편

성화는 먼저 하나님께서 마련하신 보편적인 '은혜의 방편'(means of Grace)을 행함으로 이루어지기 시작합니다. 이 방편들은 내주하시는 그리스도께서 은혜를 주시는 통로입니다.

1) 하나님의 말씀(요 17:17)

> **"그들을 진리로 거룩하게 하옵소서 아버지의 말씀은 진리니이다"(요 17:17).**

하나님의 말씀은 우리를 거룩하게 하는 능력입니다(요 17:17). 단순히 글자를 읽는 것을 넘어, 성령의 조명하심을 통해서 살아 계신 하나님의 음성으로 들을 때, 하나님의 뜻을 깨닫고 죄를 분별하며 그리스도를 깊이 알아가게 됩니다. 말씀에 순종할 때 성화로 나아가는 변화가 나타나며, 우리는 말씀을 통해 옛 사람을 벗고 새사람을 입는 법을 배웁니다.

2) 기도(히 4:16; 약 5:16)

기도는 하나님과의 친밀한 교제이자, 성화의 능력을 공급받는 통로입니다.

> **"그러므로 우리는 긍휼하심을 받고 때를 따라 돕는 은혜를 얻기 위하여 은혜의 보좌 앞에 담대히 나아갈 것이니라"**(히 4:16).

또한 우리는 영적 병의 나음을 위하여 믿을 만한 다른 지체에게 우리가 거듭 짓는 죄를 고백하며 병이 낫기를 위하여 서로 기도해야 합니다(약 5:16). 그럴 때, 성령의 도우심을 힘입고, 거듭되는 죄의 유혹과 육체의 소욕을 이기는 은혜와 능력을 받게 됩니다.

3) 공동체와 성도의 교제(엡 4:16)

> **"그에게서 온몸이…각 지체의 분량대로 역사하여 그 몸을 자라게 하며 사랑 안에서 스스로 세우느니라"**(엡 4:16).

우리는 홀로 성화의 길을 걸을 수 없습니다. 믿음의 공동체 안에서 서로 지지하고 격려하며 함께 성장해야 합니다.

교회는 성령께서 각 지체에게 주신 은사로 서로 섬기고(고전 12장), 서로의 짐을 지며, 사랑 안에서 함께 세워져 가는 성령의 몸입니다. 교회에서 용서와 화해를 배우고, 영적 싸움에서 함께 승리해야 합니다. 용서, 나눔 등 주님의 말씀에 순종하는 삶을 통해, 머리로 알던 지식을 넘어 그분의 마음과 풍성을 삶으로 경험하게 됩니다. 이러한 순종을 통해 얻는 경험적 지식이 우리를 실제적으로 변화시키는 능력이 됩니다.

4) 성례

성례(세례와 성찬)는 복음의 진리를 감각적으로 경험하는 자리입니다. 그리스도와의 연합을 눈에 보이는 방식으로 인(印)치는 행위입니다. 또한 성례는 우리의 구원이 얼마나 확실한 진리 위에 서 있는지를 거듭 상기시킵니다. 성례를 통해 우리의 정체성은 머리 지식을 지나 삶으로 번역됩니다.

5) 예수 그리스도를 아는 지식(필수 동력)

우리가 닮아야 할 대상이신 예수 그리스도를 아는 지식이 중요합니다.

> **"나는 그리스도 때문에, 나에게 이로웠던 것은 무엇이든지 해로운 것으로 여기게 되었습니다. 그뿐만 아니라, 나의 주 예수 그리스도를 아는 지식이 가장 고귀하므로, 나는 그 밖의 모든 것은 해로 여깁니다. 나는 그리스도 때문에 모든 것을 잃었고, 그것들을 오물로 여깁니다. 그것은 내가 그리스도를 얻고, 그리스도 안에 있음을 인정 받으려는 것입니다"**(빌 3:7-9, 표준새번역).

사도 바울은 이 지식에 비하면 다른 것들은 분토에 불과하다고 했습니다. 이 지식은 성경을 통해, 성령의 조명을 통해, 교회에 주신 다양한 은사를 통해, 그리고 성령께 대한 순종의 경험을 통해서 역동적으로 깊어집니다.

성경을 읽으며 예수님께서 사람을 어떻게 대하셨는지, 어떤 상황에서 어떻게 생각하시고 어떻게 행동하셨는지 묵상하며 주의 마음을 구해야 합니다. 주님의 성품과 의도, 생각을 알게 하는 배움과 인격적인 만남, 성령의 조명, 그리고 순종을 통한 체험적 앎이 신자를 변화시키는 능력이 됩니다.

5. 성화의 여정에서 베푸시는 두 가지 큰 은혜

성경은 성화의 길을 가는 신자에게 그 진도에 따라 베푸시는 하나님의 은혜가 있음을 알게 합니다.

첫째는 '보편적 은혜'입니다. 이는 앞에서 다룬 말씀, 기도, 공동체와 같은 '은혜의 방편'을 통해 모든 신자들에게 공통으로 주어지는 은혜입니다. 우리가 평생 꾸준히 붙들어야 할 성화의 기본적인 방도입니다.

둘째는 '심화적 은혜' 곧 내적 치유 사역을 받는 단계입니다. 많은 신자들이 '보편적 은혜'를 힘입어 성장하다, 알지 못하고 짓는 죄가 쌓이고, 누적된 마음의 상처로 인해 성장이 멈추는 영적 벽에 부딪힙니다. 베드로전서 2장 1-3절은 이미 구원받은 신자들 안에 '모든 악독과 모든 기만과 외식과 시기와 모든 비방하는 말' 같은 옛 사람의 잔재들이 남아 있음을 경고합니다.

그러면서 그것들을 제하라고 강권합니다. 그 잔재들이 '구원에 이르도록 자라나지 못하게' 하기 때문입니다. 이때, 성령께서 깊은 회개와 속사람을 치유하실 뿐 아니라 옛 사람의 잔재인 내적 걸림을 제거하시는 '심화적 은혜(내적 치유)'로 이끄십니다. 자기의 의지와 노력으로 갈아엎을 수 없는 마음 밭의 걸림돌들을 다루고, 수술하고, 기경(起耕)하는 성령의 특별한 은총입니다. 이를 통해서 중단되었던 성화의 여정을 다시 힘 있게 계속하게 됩니다.

그런데 왜 많은 신자가 보편적 은혜의 방편을 성실하게 행함에도 불구하고 어느 때가 되면 성장이 멈추게 될까요? 앞서 간단히 말했듯이, 회개하지 않고 쌓아 둔 죄와 상처 그리고 마음 밭에 묻혀 있는 옛 사람의 잔재들 때문입니다. 그런 것들이 많은 마음 밭은 자기 의지와 노력으로 갈아엎을 수 없습니다. 그래서 마음 밭을 다루고 기경하는 '심화적 은혜', 즉 성령의 특별한 내적 치유의 은총이 필요합니다.

다음 2강에서는, 우리가 원하는 성화에 이르지 못하도록 가로막는 내면의 걸림돌들이 무엇인지 진단하고, 그 해결 방안을 찾아보겠습니다.

[2강] 성화가 멈추는 이유
- 마음의 진단과 옛 사람의 잔재

16내가 이르노니 너희는 성령을 따라 행하라 그리하면 육체의 욕심
을 이루지 아니하리라 17육체의 소욕은 성령을 거스르고 성령은 육
체를 거스르나니 이 둘이 서로 대적함으로 너희가 원하는 것을 하지
못하게 하려 함이니라(갈 5:16-17).

모든 사람과 더불어 화평함과 거룩함을 따르라 이것이 없이는 아무 도 주를 보지 못하리라(히 12:14).

1강에서 우리는 성화가 모든 신자에게 주어진 하나님의 명령이며, 구원의 현재 시제, 곧 '현재 진행되는 구원'이라는 사실을 확인했습니다(히 12:14). 하나님께서는 말씀과 기도, 공동체와 같은 은혜의 방편을 통해 우리를 성화되게 하십니다.

그런데 많은 신자들이 이런 고민을 합니다. 초신자였을 때의 큰 기쁨과 변화가 멈추고, 말씀을 듣고 기도를 해도 더 이상 기쁘지 않고 변화되지 않는다고 느낍니다. 왜 신앙의 지속적인 성장과 성화가 멈추는 걸까요? 2강에서는 바로 이 질문에 대한 답을 찾고자 합니다.

1. 왜 성장과 성화가 멈추는가? - 잘못된 진단과 성경적인 바른 기초

1) 신학적 혼동: 옛 사람은 이미 죽었다

성화를 막는 내적 걸림들을 다루기 전에, 먼저 이 주제에 대한 성경적인 믿음을 바로 세우는 것이 중요합니다. 많은 신자가 이 기초가 없어 영적 혼동과 깊은 좌절을 경험합니다. 저도 목회 초기에 자주 드러나는 저의 완악하고 폭력적인 모습으로 인해서 거듭 절망하였고, 심지어 죽고 싶었던 적도 여러 번 있었습니다.

거듭난 신자는 모두 하나님의 말씀대로 거룩하게 살기 원합니다. 그러나 원치 않는 죄를 반복적으로 짓고 넘어지는 현실 앞에서 무력감과 죄책감 그리고 구원의 확신마저 흔들리는 좌절을 겪습니다.

그런데 어떤 이들은 이런 현상에 관해서 잘못된 가르침을 전합니다. '당신의 옛 사람이 아직 죽지 않아 죄를 짓는 것이니, 십자가에 옛 사람을 거듭 못 박아 아주 죽게 해야 한다'고 말합니다. 예수님께서 십자가 위에서 6시간 동안 고통받고 죽으셨으니, 우리의 옛 사람도 오랜 세월 동안 점진적으로 죽어가야 한다고 설명합니다.

그러나 이런 설명은 신자가 겪는 내적 갈등을 바르게 설명하지 못하며, 성경과도 맞지 않습니다. 성경은 우리의 정체성에 대해 '우리의 옛 사람이 예수와 함께 십자가에 못 박혔다'(롬 6:6)라고 단호하게 선언합니다. 누구든지 믿고 거듭나는 순간, 죄의 종이었던 옛 사람은 법적으로, 객관적인 진리 안에서 죽었습니다.

2) 싸움의 대상: 죄성과 육신에 남은 옛 사람의 잔재

우리가 싸우는 대상은 이미 십자가에서 죽은 옛 사람이 아닙니다. 우리가 육신적인 충동을 받고 자주 넘어지는 이유는 죽은 옛 사람이 남긴 '죄의 경향성'과 '자기중심성', 곧 우리의 '육신성'(flesh) 때문입니다. 그리스도의 통치를 거부하고 여전히 독립적으로 살아가려는 옛 자아의 잔재입니다.

그러므로 우리가 '자아를 십자가에 못 박는다'는 것은, 이미 죽은 옛 사람을 또 죽이는 것이 아니라, 자기중심적 생각과 욕망을 날마다 부인하고(자기 십자가를 지고), 그리스도의 주 되심에 순종하겠다는 결단을 의미합니다(눅 9:23).

3) 죄와 옛 사람의 잔재가 드러나는 구체적인 모습

옛 사람의 잔재란, 마치 해방된 나라에 식민 통치의 왜곡된 습성이 남아 있는 것처럼 우리 안에 길들여진 성향, 상처로 인한 왜곡된 반응 패턴, 거짓된 신념 등을 말합니다. 이 잔재들은 다음의 모습으로 나타납니다.

(1) 죄의 법(Law of Sin, 롬 7:23) – 죄성

모든 인간 안에 내재한 본성적 죄의 힘입니다. 바울 사도는 '내 속, 곧 내 육신에 선한 것이 거하지 아니하는 줄 안다'라고 고백하며, 선을 행하고자 하는 의지는 있으나 실제로 행하지 못하는 자기 분열적 상태를 말합니다.

죄성은 모든 인간 안에 내재한 본성적 죄의 힘이며, 중력처럼 우

리를 계속해서 죄 쪽으로 끌어당깁니다. 이것이 바로 옛 사람의 잔재가 작동하는 가장 근본적인 원리입니다. 당시 바울은 새사람으로서 선을 행하고자 하는 거룩한 소원을 가졌지만, 육신 안에 남은 죄의 법(옛 사람의 잔재)이 자신을 사로잡는 것을 보며 탄식했습니다.

신자의 죄성은 그리스도의 십자가로 법적으로는 죽었지만 우리의 삶의 영역에서는 여전히 활성적이어서, 믿음으로 그것을 무력화해야 합니다. 죄성의 충동을 느낄 때마다 이것이 이미 죽은 옛 사람의 잔재임을 인식하고, 성령님의 도우심을 의지하여 순간순간 자신을 그리스도께 내어드리는 믿음의 결단이 필요합니다.

(2) 육신의 생각(Mindset of the Flesh, 롬 8:6-7)

이것은 죄의 법에서 파생된 사고 체계 또는 가치관입니다. 하나님이 아닌 나를 중심에 둔 사고방식, 가치관 및 경향성을 말합니다.

(3) 육체의 소욕(Fleshly Desires, 갈 5:17) – 세상의 정욕

죄의 법과 육신의 생각에서 솟아나는 구체적인 죄된 욕망과 충동입니다. 죄를 짓고 싶어 하는 직접적인 충동과 갈망으로, 행동을 유발하는 가장 직접적인 원인이라고 할 수 있습니다.

> **"육체의 소욕은 성령을 거스르고 성령은 육체를 거스르나니 이 둘이 서로 대적함으로 너희가 원하는 것을 하지 못하게 하려 함이니라"**(갈 5:17).

육체의 소욕은 성령의 소욕과 끊임없이 충돌하는 죄된 욕망으로, 옛 사람의 잔재가 가장 직접적이고 구체적으로 표출되는 현상

입니다. 단순한 욕망이 아니라, 하나님의 뜻을 정면으로 대적하는 옛 사람의 경향성입니다.

신자의 내면에서는 이 두 소욕 간의 치열한 영적 전쟁이 계속됩니다. 육체의 소욕을 이기는 길은 갈라디아서 5장 16절 말씀처럼 성령을 따라 행하는 것뿐입니다. 이것은 단순히 육체의 욕망을 억누르는 금욕적 싸움이 아니라, 삶의 모든 주도권을 성령의 인도하심에 내어드리는 순종의 싸움입니다.

(4) 쓴 뿌리(Bitter Root, 히 12:15)

"너희는 하나님의 은혜에 이르지 못하는 자가 없도록 하고 또 쓴 뿌리가 나서 괴롭게 하여 많은 사람이 이로 말미암아 더럽게 되지 않게 하며"(히 12:15).

쓴 뿌리는 해소되지 않은 과거의 상처, 거절, 원망 등이 죄와 결합하여 형성된 내면의 부정적 심리 구조입니다. 이로 인해 모든 상황과 사람을 부정적으로 판단하고 반응하게 됩니다.

히브리서 기자는 쓴 뿌리가 하나님의 은혜를 가로막고, 자신뿐 아니라 공동체 전체를 더럽히는 심각한 영적 오염원이라고 경고합니다. 쓴 뿌리는 단순히 억누르거나 잊는다고 해결되지 않습니다. 하나님의 은혜 안에서 과거를 직면하고 용서를 선택하며, 상처 입은 내면을 성령의 빛으로 다루는 용기가 필요합니다.

4) 복음적 확신으로 극복하기

죄의 충동과 그로 인해 죄를 지었을 때, 복음적 확신으로 극복해야 합니다. 죄의 충동이나 욕망을 자주 경험하거나 넘어지더라도, 그것이 '옛 사람이 아직 살아 있다'는 증거는 결코 아닙니다. 이 사실을 바로 알지 못하면 구원을 의심하고 깊은 영적 혼동과 침체에 빠지게 됩니다. 그럴수록 우리는 흔들리지 않는 복음의 진리를 붙들어야 합니다.

(1) 복음적 정체성

우리의 옛 사람은 그리스도 안에서 이미 죽었고, 우리는 새 사람, 새 피조물이 되었습니다. 혹 넘어지더라도 "그러므로 이제 그리스도 예수 안에 있는 자에게는 결코 정죄함이 없나니"(롬 8:1)라는 말씀을 선포하며, 흔들리지 않는 의인의 신분과 자녀의 지위를 확신해야 합니다. 십자가로 확증된 하나님의 사랑, 하나님의 구원에서 우리를 끊어 낼 것은 세상 어디에도 없음을 믿어야 합니다(롬 8:38-39).

구원받은 우리가 때로 죄를 지을 수 있지만, 그렇더라도 하나님께서 은혜로 주신 의인의 신분과 자녀의 지위는 결코 무너지지 않습니다. 흔들리지 않는 이 같은 복음의 확신이 우리를 모든 낙심과 두려움, 좌절에서 지키며 성화의 여정을 계속 걸어가게 하는 힘의 원천이 됩니다

(2) 정직한 고백

우리의 모든 것을 이미 아시는 하나님께, 여러분이 겪고 있는 시

험과 유혹, 그로 인해 죄를 지었다면 그 사실까지도 두려워 말고 정직하게 아뢰십시오. 그리고 보혈과 말씀의 물을 통해 죄로 인해 더럽혀진 마음과 영을 씻어 주시고 죄로 인해 입은 상처를 낫게 해 주시길 기도해야 합니다.

이렇게 때마다 도우시는 하나님의 은혜를 믿고 기도로 구해야 합니다.

5) 우리 안에 죄의 잔재가 있는 이유

왜 하나님은 거듭난 우리 안에 죄의 잔재들을 남겨 두셨을까요? 우리는 이것을 바로 알아야 합니다.

우리 안에 남아 있는 '죄의 경향성'과 옛 사람의 잔재들은, 우리를 포기시키기 위한 것이 아니라 하나님께서 주신 거룩한 훈련의 과목들입니다. 하나님께서는 이 과정을 통해 우리가 다음 두 가지를 배우기 원하십니다.

첫째, 오직 성령님만 의지하는 법을 배우기를 원하십니다. 이 싸움을 통해서 우리는 자신의 힘으로는 결코 성화되고 거룩해질 수 없음을 깨닫고, 두렵고 떨리는 마음으로 자신을 부인하며 성령님을 전적으로 의지하게 됩니다. 둘째, 영적 교만에서 우리를 지키기를 원하십니다. 우리 안의 추함, 연약함을 보게 하심으로, 우리가 자기 의에 빠져 바리새인처럼 되는 것을 막으시려는 섭리입니다.

우리는 이러한 내적 걸림돌들을 바로 알고, 말씀을 따라 제하거나 약화시키고 성화의 길을 계속 나가게 할 내적 치유의 은총을 구해야 합니다. 이에 대해서 나중에 자세히 설명할 것입니다.

다시 말하면 성화란, '나는 새사람'이라는 복음의 진리를 믿음으로 굳게 붙들고, 우리 안에 남아 있는 이 죄의 잔재들을 성령과 말씀을 의지하여 평생 다루어 나가는 거룩한 여정인 것입니다.

2. 내 마음 밭의 진단: 씨 뿌리는 비유(마태복음 13장)

예수님은 천국 복음의 씨앗이 왜 열매 맺지 못하는지를 네 가지 마음 밭에 비유하여 설명하십니다. 예수님의 씨 뿌리는 비유는 구원받은 신자의 상태를 정확하게 진단하는 영적 거울입니다. 우리가 하나님의 순전한 복음(좋은 씨앗)을 받아도 우리 마음 밭의 문제로 좋은 열매를 맺지 못하는 것입니다.

(1) 굳은 길가 같은 마음: 완고한 마음, 불신앙적 사고방식

신자 안에 여전히 남아 있는 말씀에 대한 완고함과 불신앙적 경향(겔 3:7; 엡 4:18)을 의미합니다. 말씀을 들어도 깨닫지 못하고 사탄에게 빼앗기는 마음 상태입니다(히 3:12).

(2) 돌밭 같은 마음: 회개하지 않은 죄와 치유되지 않은 상처, 왜곡된 신념

말씀에 기쁨으로 반응하는 것처럼 보이지만, 내면에 해결되지 않은 상처와 회개하지 않은 죄(돌) 때문에 환난이나 박해가 오면 곧 넘어지는 마음을 의미합니다.

그런데 성경은 남에게 받은 상처보다, 우리가 직접 짓고도 회개하지 않은 죄로 인해 스스로에게 입히는 상처가 더 심각함을 알려줍니다(렘 17:1). 우리의 죄는 영혼 깊은 곳에 지워지지 않는 상처를 새겨 마음을 돌밭처럼 만듭니다(사 1:5-6).

(3) 가시떨기밭 같은 마음: 세상의 염려, 재물의 유혹, 기타 욕심

세상의 염려, 재물의 유혹, 정욕 등 말씀보다 세상의 것을 더 사랑하는 마음이 무성한 가시처럼 자라나 말씀의 생명력을 질식시키는 상태입니다. 이 걸림돌들 때문에 말씀이 자랄 영적 공간을 빼앗겨 결실하지 못하게 됩니다.

(4) 좋은 땅: 말씀을 깨달아 결실하는 마음

말씀을 듣고 깨달아 인내로 결실하여 30배, 60배, 100배의 열매를 맺는 마음입니다. 우리의 마음 밭이 이 같은 좋은 땅이 되는 것이 바로 성화의 목표입니다.

우리의 마음은 이사야 1장 5-6절 말씀처럼 하나님의 치유가 절실히 필요한 상태일 수 있습니다. 그러므로 우리는 이 걸림돌들이 어떤 구체적인 죄의 열매로 나타나는지 살펴보고, 우리 자신을 정직하게 점검해 보아야 합니다.

3. 죄의 구체적인 유형(회개하지 않은 죄)

우리의 내적 걸림돌(죄성과 옛 사람의 잔재)은 항상 삶의 구체적인 죄로 드러납니다.

이 목록은 여러분을 정죄하기 위함이 아니라, 성령님의 '진단용 내시경'처럼 빛을 비추어 인지함으로 치유를 시작하게 돕는 목적이 있습니다.

1) 대표적인 작위죄(作爲罪) – 적극적으로 행하는 죄

(1) 우상 숭배(출 20:3-5; 고전 10:14)

하나님보다 다른 것(돈, 명예, 쾌락)을 더 사랑하는 것도 우상 숭배입니다(골 3:5).

(2) 살인(출 20:13)

실제로 사람을 죽이는 것뿐 아니라, 마음으로 미워하는 것도 살인입니다(마 5:21-22; 요일 3:15).

(3) 간음과 음행(출 20:14; 고전 6:18)

육체적 관계뿐 아니라, 음욕을 품는 것 자체도 간음입니다(마 5:28; 히 13:4).

(4) 거짓말·거짓 증거(출 20:16)

법정에서 위증하는 것뿐 아니라, 일상 속 작은 거짓도 하나님 앞에서는 죄입니다(골 3:9).

(5) 도둑질(출 20:15; 엡 4:28)

남의 물건을 훔치는 것뿐 아니라, 직장에서 시간을 속이거나 세금을 절세하는 선을 넘어서 부당하게 회피하는 것, 남의 이익을 도둑질하는 일 등입니다(말 3:8; 딤전 6:10).

(6) 탐심(출 20:17)

남의 것을 갖고 싶어하는 욕망은 이미 마음으로 도둑질이요, 우상 숭배와 같습니다(골 3:5).

(7) 술 취함과 방탕(갈 5:21)

단순히 술에 취하는 것만 아니라, 절제 없이 쾌락에 빠지는 삶 전체를 포함합니다(엡 5:18).

(8) 분노·다툼·시기(약 4:11-12)

겉으로 폭력을 쓰지 않아도, 시기하고 다투는 마음은 하나님의 다스림을 거부하게 하는 육체의 일입니다(갈 5:20).

(9) 마술·주술(신 18:10-12)

점, 사주, 풍수지리, 미신을 의지하는 것뿐 아니라, 영적 권위와 은사로 다른 이들을 돕는다고 하면서 조종하는 것도 주술의 죄입니다(갈 5:20).

(10) 교만(잠 16:18)

다른 사람보다 자신을 높이는 태도, 하나님께 영광을 돌리지 않는 태도도 교만입니다(약 4:6).

2) 간과하기 쉬운 부작위죄(不作爲罪) – 마땅히 해야 할 것을 하지 않는 죄

(1) 하나님 사랑 소홀(신 6:5; 마 22:37)

예배는 드리지만 마음과 뜻과 힘을 다해 하나님을 사랑하지 않는 것도 죄입니다(계 2:4-5).

(2) 이웃 사랑 외면(레 19:18; 눅 10:31-32)

도움이 필요한 이웃을 보면서도 모른 척하는 것이 죄입니다(약 2:15-16).

(3) 선을 알면서도 하지 않음(약 4:17)

기회가 있을 때 선을 베풀지 않는 것도 죄로 여겨집니다(눅 12:47).

(4) 가난한 자·약자 돌보지 않음(신 15:11; 약 1:27)

고아와 과부를 돌보지 않는 것은 말씀을 어기는 것입니다(마 25:42-43).

(5) 기도하지 않음(삼상 12:23)

문제를 스스로 해결하려 하고 하나님께 맡기지 않는 것도 죄입니다(골 4:2).

(6) 복음을 전하지 않음(겔 3:18; 고전 9:16)

전도의 책임을 알면서도 침묵하는 것은 피값을 묻는 죄입니다(롬 10:14-15).

(7) 회개하지 않음(행 17:30)

죄를 깨달으면서도 돌이키지 않는 것은 더 큰 완악함입니다(계 2:21-22).

(8) 예배 소홀(출 20:8-10; 히 10:25)

주일과 공동 예배를 무시하는 것도 부작위의 죄입니다(요 4:23-24).

(9) 감사하지 않음(롬 1:21)

받은 은혜를 기억하지 않고 불평과 원망으로 반응하는 것도 죄입니다(살전 5:18).

(10) 은혜를 헛되이 함(고후 6:1; 마 25:26-30)

하나님이 주신 은혜와 은사를 사용하지 않고 묻어두는 것도 죄입니다(벧전 4:10).

여러분, 이 죄의 목록을 들으니 마음이 어떻습니까? 숨이 막히는 것 같으십니까? 그 답답함은 말씀이 무거워서가 아니라 우리의 허다한 죄, 특히 회개하지 않고 쌓아 둔 죄의 무게 때문입니다.

다윗은 시편 32편에서 회개하지 않았을 때의 고통을 이렇게 말했습니다.

> **"내가 입을 열지 아니할 때에 종일 신음하므로 내 뼈가 쇠하였도다 주의 손이 주야로 나를 누르시오니 내 진액이 빠져서 여름 가뭄에 마름같이 되었나이다"**(시 32:3-4).

감사한 것은, 예수 그리스도를 믿는 우리는 은혜 아래 있기에 결코 정죄 받지 않는다는 사실입니다(롬 8:1). 우리의 죄가 구원을 취소하지 못합니다. 그러나 회개하지 않은 죄가 하나님과 우리 사이를 가로막고(사 59:2) 우리의 신앙 성장을 방해합니다(벧전 2:1-2). 이것은 매우 중요한 사실입니다.

그러므로 십자가 보혈의 은총 아래 있는 우리는 두려워할 것이 아니라, 감사함으로 회개하며, 죄의 뿌리가 되는 내적 장애들을 다루어야 합니다.

> **"허물의 사함을 받고 자신의 죄가 가려진 자는 복이 있도다"**(시 32:1).

4. 회개와 성화의 성장 단계

회개하지 않은 죄와 내적 장애물들은 하나님과 우리 사이를 가로막아(사 59:2), 성화의 여정을 방해합니다. 따라서 우리는 죄를 구체적으로 고백하고 회개하며, 내적 장애물을 다루는 훈련을 지속해야 합니다.

1) 성령의 은총과 신자의 노력의 결합

신자의 성장과 성화의 과정에는 성령의 은총과 신자의 순종적 노력이 결합되는 다음과 같은 단계가 있습니다.

(1) 칭의와 거듭남
구원의 시작점으로 죄 사함을 받고 새 생명을 얻습니다.

(2) 초기적 성화
말씀, 기도 등 은혜의 방편을 자력으로 하며 성장하는 단계입니다. 이 단계를 가다 보면 언젠가 옛 사람의 잔재들이 드러나기 시작하며 성장이 정체됩니다.

(3) 심층적 성화(내적 치유)

옛 사람의 잔재와 죄성이 드러나므로 영적 성장의 벽에 부딪힐 때, 내적 치유를 받아 마음 밭의 걸림돌을 제거하고 성화를 계속 이루어 가는 단계입니다. 내적 치유를 받아 온유해진 마음으로 말씀을 받고, 수건을 벗은 얼굴로 그리스도를 바라봄으로 성화를 계속 이루어 갑니다(벧전 2:1-2; 고후 3:18).

(4) 성숙한 성화(주체 전환)

심층적 성화를 이루어가다, 자력으로는 도저히 죄를 이길 수 없다는 영적 절벽에 닥쳐 로마서 7장의 절망을 경험합니다. 이때 성령께서 개입하셔서 우리를 온전한 자유와 성화로 이끄시는 '자력주의의 파산'과 '성령께의 온전한 위탁'을 경험하는 단계입니다.

복음서에서 사도들이 예수님을 배반하는 대목, 그리고 로마서 7장의 절망과 탄식의 대목이 이 단계의 실상을 알게 합니다.

자력주의의 파산을 경험할 때 성령께서 십자가와 복음의 빛을 다시 보고 받아들이게 하시고, 죄의 다스리는 권세에서 구원하셔서 온전한 자유와 성화로 이끄십니다. 온전한 성화를 이루게 하시는 분이 바로 '성령'이심을 깨닫고 무력한 자신을 온전히 맡겨서 성령과 더불어 성화의 여정을 비상하게 됩니다.

그러므로 성화의 여정 중에 계속 보이지 않는 벽에 부딪힐 때, 그것은 하나님께서 우리를 회개와 다음 단계로 초대하시는 거룩한 신호입니다. 여러분은 지금 어느 단계에 계신 것 같습니까?

2) 실제적 적용 모델: 5R+화해

둘째 단계에서 필요한 내적 치유로 '5R'을 적용합니다. 이는 에베소서 4장 22-24절의 '옛 사람을 벗고, 마음을 새롭게 하여, 새 사람을 입으라'라는 성화의 말씀을 실제로 이루게 하는 과정입니다.

(1) Recognize(인지)

성령의 빛으로 죄, 상처, 왜곡된 믿음을 직면하는 단계입니다. 판단, 분리된 마음, 근본적 거짓말, 불완전한 용서, 수치, 세대적인 죄, 하나님을 보는 그릇된 관점 등 수많은 죄와 내적인 걸림들을 인지하게 됩니다.

(2) Repent & Confession(회개와 고백)

죄에 대한 책임을 인정하고 마음과 삶의 방향을 전환하는 단계입니다.

> **"오직 너희 죄악이 너희와 너희 하나님 사이를 갈라 놓았고 너희 죄가 그의 얼굴을 가리어서 너희에게서 듣지 않으시게 함이니라"** (사 59:2).

> **"만일 우리가 우리 죄를 자백하면 그는 미쁘시고 의로우사 우리 죄를 사하시며 우리를 모든 불의에서 깨끗하게 하실 것이요"**(요일 1:9).

특히 야고보서 5장 16절 말씀처럼 안전한 공동체 안에서 서로 죄를 자백하고 기도할 때 큰 치유의 능력이 나타납니다.

> **"그러므로 여러분은 서로 죄를 자백하고, 서로를 위해 기도하십시오. 그래서 여러분이 나음을 받게 하십시오. 의인이 간절히 비는 기도는, 큰 효력을 냅니다"**(표준새번역).

이사야 1장 5절은 죄로 머리가 상처를 받고 마음은 골병이 든다고 알게 합니다.

> **"어찌하여 너희는 더 맞을 일만 하느냐? 어찌하여 여전히 배반을 일삼느냐? 머리는 온통 상처투성이고, 속은 온통 골병이 들었으며"**(표준새번역).

죄는 우리의 머리와 마음을 병들게 하는 악한 질병이며, 말씀대로 죄를 자백하고 서로를 위해 기도함으로써 나음을 받게 됩니다. 내적 치유로 성화를 방해하는 내적 걸림돌들을 제거하고 로마서 7-8장의 경험이 일어나기를 소망합니다.

(3) Release through Forgiveness(용서)

나에게 상처 준 사람(자신을 포함)을 용서함으로 내적 결박에서 해방되는 전환점입니다. 용서는 감정이 아닌 의지적인 선택이며, 하나님의 은혜로만 가능합니다.

> **"누가 누구에게 불만이 있거든 서로 용납하여 피차 용서하되 주께서 너희를 용서하신 것 같이 너희도 그리하고"**(골 3:13).

(4) Reckon as Dead(여김)

신자의 옛 사람은 예수 그리스도와 함께 십자가에 못 박혀 죽었지만(롬 6:6), 옛 사람에게 길들여진 육체의 감각 그리고 나쁜 기억, 본능적 반응은 여전히 남아 있습니다. 그래서 죄의 충동, 육체의 정욕이 올라옵니다. 그럴 때 좌절하거나 자기를 질책하지 않고 '나의 옛 사람이 이미 그리스도와 함께 죽었음'을 믿음으로 선포해야 합니다. 이것은 우리 자신의 노력이 아니라, 그리스도께서 이미 이루신 십자가의 승리를 증거하는 복음을 믿는 믿음 위에 굳게 서는 것입니다.

"너희도 너희 자신을 죄에 대하여는 죽은 자요 그리스도 예수 안에서 하나님께 대하여는 살아 있는 자로 여길지어다"(롬 6:11).

(5) Resurrect(부활)

그리스도의 성품을 신자의 것이 되게 하는 단계입니다. 이전과 반대적 정신, 곧 두려움이 믿음으로, 수치가 담대함으로, 불공경이 공경으로, 멸시가 축복과 존중으로, 분리가 연합으로, 자기주장이 양보로 바뀌며, 이것을 행함으로 새 생명의 열매를 맺는 삶을 실천하는 단계입니다.

이는 주로 소그룹의 상호 격려와 점검, 후원으로 점진적으로 이루어집니다.

"오직 너희의 심령이 새롭게 되어 하나님을 따라 의와 진리의 거룩함으로 지으심을 받은 새 사람을 입으라"(엡 4:23-24).

이 과정에서 거듭 경험하는 것은 예수님은 말씀 그대로 은혜와 진리의 하나님이시라는 것입니다. 많은 신자들이 다양한 상처와 고통을 가지고 있습니다. 그중에는 어린 성장기에 받은 상처로 인한 고통이 많고, 그런 상처를 받을 때 믿음이 없어서 그릇되게 반응한 경우가 대부분입니다. 대개 상처를 받을 때 죄를 짓게 되고, 그를 통해 많은 쓴 열매를 맺습니다.

그런데 주님은 누구도 책망하지 않고 먼저 자비, 긍휼로 안아 주시고 위로하시며, 상처를 치유하시고, 가해자들과 자신을 용서하게 하십니다. 그런 다음에 주님은 우리의 옛 사람은 십자가에서 이미 죽은 것과 새사람이 되었다는 진리의 정체성을 세워 주시고, 이제부터는 옛 사람의 잔재들과 기질로 넘어지지 말고 복음을 믿는 믿음으로 어떻게 다룰지를 알게 하십니다. 이것이 우리가 거듭 경험하는 은혜와 진리의 하나님의 나타나심입니다.

(6) Reconcile(화해)

치유를 바탕으로 하나님, 자신, 타인과의 관계에서 진정한 화평을 이루는 단계입니다.

"모든 사람과 더불어 화평함과 거룩함을 따르라 이것이 없이는 아무도 주를 보지 못하리라"(히 12:14).

구약의 마지막, 말라기의 경고와 간곡한 말씀을 따라야 합니다.

"그가 아버지의 마음을 자녀에게로 돌이키게 하고 자녀들의 마음을 그들의 아버지에게로 돌이키게 하리라 돌이키지 아니하면

두렵건대 내가 와서 저주로 그 땅을 칠까 하노라 하시니라"(말 4:6).

지금까지 우리는 성화를 가로막는 장애물이 주로 우리 내면의 옛 사람의 잔재이며, 그것들이 악한 영의 통로로 쓰인다는 것을 살펴보았습니다. 이러한 내적 걸림돌들은 '은혜의 방편'을 자력으로 성실하게 행하는 것만으로는 해결되지 않습니다. 이 깊은 문제들을 마주할 때, 우리는 로마서 7장 24절의 탄식, "오호라 나는 곤고한 사람이로다 이 사망의 몸에서 누가 나를 건져내랴"에 이르게 됩니다.

바로 여기에 우리가 3강에서 다룰 핵심이 있습니다. 은혜의 방편을 자력으로 행하는 것으로는 우리 안에 있는 죄와 사망의 법이라는 강력한 힘을 이겨 낼 수 없기 때문입니다. 우리에게 필요한 것은 마음의 문제들을 다루고 기경하는 '심화적 은혜'(내적 치유)입니다.

또한 그 이후에도 다시 부딪힐 자력주의의 한계와 여전히 신자를 다스리는 죄의 권세에서 온전히 구원하시는 '돌파적 은혜'가 있습니다. 이 모든 은혜를 구하는 출발점은 우리의 연약함을 정직하게 인정하는 것입니다.

3강에서는 이러한 자력주의의 한계를 돌파하여 성령께 온전히 위탁하는 '돌파적 은혜'(성령의 통치로의 전환)를 다룰 것입니다.

[3강] 절망에서 자유로
- 생명의 성령의 통치

1그러므로 이제 그리스도 예수 안에 있는 자에게는 결코 정죄함이
없나니 2이는 그리스도 예수 안에 있는 생명의 성령의 법이 죄와 사
망의 법에서 너를 해방하였음이라(롬 8:1-2).

10그가 죽으심은 죄에 대하여 단번에 죽으심이요 그가 살아 계심은
하나님께 대하여 살아 계심이니 11이와 같이 너희도 너희 자신을 죄
에 대하여는 죽은 자요 그리스도 예수 안에서 하나님께 대하여는 살
아 있는 자로 여길지어다(롬 6:10-11).

22너희는 유혹의 욕심을 따라 썩어져 가는 구습을 따르는 옛 사람을
벗어 버리고 23오직 너희의 심령이 새롭게 되어 24하나님을 따라 의
와 진리의 거룩함으로 지으심을 받은 새 사람을 입으라(엡 4:22-24).

1. 성화의 궁극적 딜레마: 자기 노력의 파산과 성령의 초대(로마서 7장)

은혜의 방편을 성실히 행하고, 내적 치유까지 받았음에도, 왜 우리는 죄의 세력 앞에서 반복적으로 무너질까요? 거듭난 신자는 말씀대로 거룩해지려는 열망으로 성화를 추구하지만, 자신의 힘과 의지로는 거룩해지지 못하고 결국 영적 파산에 이르게 됩니다.

로마서 7장은 하나님의 법을 즐거워하는 마음과 나를 죄 아래로 사로잡는 죄의 법 사이의 처절한 내적 갈등을 보여 줍니다. 그 끝은 절규와 깊은 탄식입니다.

> **"오호라 나는 곤고한 사람이로다 이 사망의 몸에서 누가 나를 건져내랴"**(롬 7:24).

이것은 하나님의 법을 사랑하기에 그것을 지키지 못하는 자신의 무능으로 절망하는 신자의 탄식입니다.

1) 관점의 전환: 실패가 아닌 초대

로마서 7장의 절규는 신앙이 아주 망했다는 '실패 선고'가 아니라, 더 깊은 은혜의 세계로 들어오라는 하나님의 '거룩의 초대장'입니다. "네 힘으로는 안 되니, 이제 온전히 나의 힘을 의지하고 나와 함께 가자"라고 하시는 하나님의 음성입니다. 이 영적 좌절, 파산은 우리가 성령의 사람, 성화의 사람이 되도록 이끄시는 과정에서 반드시 통과해야 할 마지막 단계입니다.

그런데 왜 많은 신자들이 이 전환을 경험하지 못할까요? 안타깝게도 대부분 신자들이 로마서 7장 초입에서 맴돌 뿐, 이 전환을 경험하지 못하고 있습니다. 그 이유는 값싼 은혜의 만연, 고통 회피 문화, 그리고 서로 죄를 고백하며 세워 줄 수 있는 깊고 안전한 신앙 공동체의 부재 때문입니다(약 5:16).

성화는 율법적 책무를 행함이 아닌, 죄의 권세에서 해방시키는 복음의 능력을 믿음으로 됩니다. 이 복음의 능력을 체험하기 위해서, 야곱이 환도뼈가 부러졌듯이, 베드로가 주님을 부인하는 처절한 실패를 겪었듯이, 사도 바울이 로마서에 기록했듯이 자신의 능력에 대한 완전한 파산이 필수적입니다.

2) 성화의 돌파구: 생명의 성령의 법으로의 통치 전환(로마서 8장)

자기 노력의 한계를 직면하고 파산 선고를 내린 바울 사도는, 그 절망 끝에서 놀라운 자유와 승리를 선포합니다.

> **"그러므로 이제 그리스도 예수 안에 있는 자에게는 결코 정죄함이 없나니 이는 그리스도 예수 안에 있는 생명의 성령의 법이 죄와 사망의 법에서 너를 해방하였음이라"**(롬 8:1-2).

이것이 바로 '성화의 복음'입니다.

성화의 핵심 본질은 내가 더 많이 노력하는 것이 아니라, 나를 지배하는 주체가 바뀌는 것입니다. 죄와 사망의 법 아래 몸부림치던 내가, 생명의 성령의 법 아래로 들어가는 '통치의 전환'을 이루는 것, 이것이 성화의 진정한 돌파구입니다.

2. 성화의 여정: 점진적인 4단계

성화는 단번에 이루어지지 않고, 성령의 인도하심 아래 점진적인 네 단계를 거쳐 이루어집니다.

첫 번째 단계는 '중생과 칭의(구원의 시작점)'입니다. 복음을 믿고 거듭나 새 생명과 성령을 받는 단회적인 사건입니다.

두 번째 단계는 '초기적 성화(경건 훈련)'입니다. 은혜의 방편을 통해 거룩해지려 노력하지만, 자력과 헌신에 의존함으로 반복되는 실패에 좌절합니다.

세 번째 단계는 '심층적 성화(내적 치유)'입니다. 초기적 성화의 한계에 부딪혔을 때, 성령께서 내적 치유의 특별한 은총을 통해 마음밭의 걸림돌(상처, 쓴 뿌리)을 제거하시어 성장이 다시 시작됩니다.

마지막 네 번째 단계는 '성숙한 성화(통치 전환)'입니다. 내적 치유 이후에도 자신의 모든 노력이 파산했음을 인정하고, '생명의 성령의 법'에 자신을 온전히 위탁하게 되는 최종 단계입니다. 이 지점을 통과한 사람은 오직 십자가만을 자랑하며 성화의 여정을 전진합니다. 그러다 성령으로 더 충만해질 때, 이전에는 보지 못했던 더 깊은 죄성을 발견하면 더욱 겸손히 십자가 아래로 나아가게 됩니다.

3. 성화의 두 기둥: 칭의의 재확신과 체험적 충만의 순환

이 성화의 여정은 '로마서 7-8장의 상태적 성화'와 '에베소서 3장의 체험적 성화'라는 두 기둥의 상호 작용을 통해 이루어지는 순환적인 사건입니다.

먼저 로마서 7-8장(상태적 성화)입니다. 치열한 내적 갈등에도 불구하고, “결코 정죄함이 없다”, “나는 여전히 그리스도 안에 있고 그리스도가 내 안에 계신다”라는 진리 위에 굳게 섬으로 죄책감에서 벗어나 내적인 싸움을 계속할 기반이 마련됩니다.

그다음 에베소서 3장(체험적 충만)입니다. 성령의 능력으로 속사람이 강건해지고, 믿음으로 말미암아 내주하시는 그리스도의 사랑을 깊이 체험하여 죄와 싸울 실제적인 힘을 얻습니다.

우리가 죄와 싸우다 넘어지더라도 칭의의 복음을 굳게 붙들고 담대하게 성령의 능력을 구하여 속사람의 강건함을 간구해야 합니다. 이 두 기둥은 율법주의와 방종을 모두 막는 균형추입니다.

4. 성화의 열매: 깨어진 심령 위에 세워지는 팔복의 사람

로마서 7장의 영적 파산을 처절히 경험한 신자는 비로소 예수님께서 말씀하신 팔복의 사람으로 빚어집니다. 이는 자신의 가난함과 무능을 인정하고 하나님을 전적으로 의지하는 신자의 내적 상태를 보여 줍니다.

‘심령이 가난한 자’는 하나님이 없이는 아무것도 아님을 깨닫습니다. ‘애통하는 자’는 여전히 죄를 짓는 자신을 보고 슬퍼하며 애통합니다. ‘온유한 자’는 깨어지고 온유한 마음으로 자신을 하나님께 온전히 맡깁니다.

이러한 심령의 토양에서, 성령께서 사랑, 희락, 화평 등 아름다운 성품의 열매를 맺게 하십니다(갈 5:22-23).

5. 영적 파산의 열매: 관계의 변화, 상처 입은 치유자

자신의 영적 파산을 경험하고 은혜에 붙들린 사람은, 타인의 연약함을 정죄가 아닌 긍휼의 눈으로 바라보게 됩니다. 이러한 경험을 통해 우리는 헨리 나우웬이 말한 '상처 입은 치유자'(Wounded Healer)가 되어 갑니다.

특히 구약의 마지막 말씀이, 가정에서부터 이루어질 준비와 토대가 됩니다.

> **"보라 여호와의 크고 두려운 날이 이르기 전에 내가 선지자 엘리야를 너희에게 보내리니 그가 아버지의 마음을 자녀에게로 돌이키게 하고 자녀들의 마음을 그들의 아버지에게로 돌이키게 하리라 돌이키지 아니하면 두렵건대 내가 와서 저주로 그 땅을 칠까 하노라 하시니라"**(말 4:5-6).

내가 깨어지고 나의 무능함을 인정하며 성령의 능력으로 일어설 때, 비로소 로마서 7장의 고통 속에 있는 성도들과 자녀들의 손을 잡아 주며 8장의 자유로 함께 나아가는 진정한 목자, 동반자, 부모가 될 수 있습니다.

예수님께서 처절한 실패를 앞둔 베드로에게 "너는 돌이킨 후에 네 형제를 굳게 하라"(눅 22:32)라고 하신 말씀은, 자신의 무력함, 패역함을 직면하고 은혜에 붙들린 자만이 율법적 잣대가 아닌 긍휼의 마음을 품는 참된 사역자가 될 수 있음을 보여 줍니다.

6. 목회적 권면: 리더들의 책임과 성화와 사역의 균형

저는 팔순을 바라보는 목사로, 부족함이 많음을 고백하면서 한 작은 종으로서 지도자들에게 그리고 여러분에게 이런 권면을 드리고 싶습니다.

오늘날 많은 리더들의 모습에서 예수님의 성품이 잘 보이지 않고, 세상과 같이 영향력, 권력, 부를 추구하는 모습이 보입니다. 대형 교회의 목회 세습은 탐심과 욕망이란 이름의 우상이 드러난 사건입니다. 이러한 현상의 뿌리는 목회를 위한 지식과 능력, 리더십만 추구하고 성화의 부르심을 외면했기 때문입니다. 그들의 탐욕과 성화 부재로 인한 불순종의 실상은 모든 교회의 죄를 적나라하게 드러낸 것입니다. 그들이 한국 교회의 지도자들이기 때문에 큰 책임에서 자유로울 수 없습니다.

그렇다면 우리는 어떻습니까? 그리스도 안에서 합당치 않은 열등감이나 영적 교만을 갖고 있지 않나요? 만약 우리가 그들의 위치에 있었다면 다르게 행동했을까요? 자신할 수 있습니까? 우리 모두 동일한 문제를 가지고 있으며 성화의 부르심을 외면한 자들로서 깊이 회개해야 합니다.

저는 그런 지도자들을 보면서 우리는 반드시 성령 안에서 이루어지는 성화와 권능, 이 두 가지를 다 같이 추구해야 함을 더욱 절실히 깨닫습니다. 성화가 없는 권능은 교만과 자기 왕국을 이루게 됩니다. 권능이 없는 성화는 자기만 위한 내면의 왕국을 세우게 됩니다.

성령의 통치를 따르지 않는 사역은 아무리 화려해 보여도 결국 마태복음 7장의 "내가 너희를 도무지 알지 못하니 불법을 행하는 자들아 내게서 떠나가라"라는 비극적인 선고를 받을 수 있음을 두려움으로 받아야 합니다.

7. 성화의 최종 열매: 긍휼과 용서의 공동체(골로새서 3장)

성화는 개인의 삶을 넘어 가족과 교회 공동체의 변화로 이어집니다. 사도 바울은 성화된 공동체의 모습을 긍휼과 용서로 설명합니다.

> "그러므로 너희는 하나님이 택하사 거룩하고 사랑받는 자처럼 긍휼과 자비와 겸손과 온유와 오래 참음을 옷 입고 누가 누구에게 불만이 있거든 서로 용납하여 피차 용서하되 주께서 너희를 용서하신 것 같이 너희도 그리하고 이 모든 것 위에 사랑을 더하라 이는 온전하게 매는 띠니라"(골 3:12-14).

성화의 열매를 맺는 공동체는 완벽한 사람들의 모임이 아니라, 자신의 깨어짐을 인정하고, 서로의 연약을 긍휼로 품으며, 그리스도의 용서와 사랑을 날마다 실천하는 '죄인들의 병원'과 같은 곳입니다.

8. 성화의 상급: 현세적 축복과 영원한 보상

성화의 여정을 포기하지 않고 꾸준히 나가는 성도에게는 풍성한 영적 열매와 상급이 기다립니다. 현세적 축복이 임합니다. 성령의 9가지 열매(갈 5:22-23)가 인격 속에 맺히며, 내주하시는 주님과 친밀한 교제를 누리며 동행하게 됩니다. 그리고 영원한 상급을 받습니다. 충성되게 달란트(은사, 시간)를 사용한 것에 대한 심판(마 25:14-30)을 통과하며, 하나님 나라에서 영원한 면류관과 상급을 받게 됩니다.

그러지 않은 이들은 불타는 집안에서 겨우 빠져나온 사람이 느끼는 것 같은 그런 구원을 받게 될 것입니다(고전 3:15).

9. 온전한 위탁과 현재진행형의 거룩한 경주

우리는 성화가 율법적인 책무나 무거운 짐이 아니라, 죄의 형벌과 권세로부터 우리를 해방하는 '성화의 복음'을 믿음으로 완성되는 진리임을 배웠습니다. 죄와 싸워서 늘 질 수밖에 없는 우리를 대신해 그 아들을 주신 하나님의 놀라운 은혜로 시작된 이 여정은, 우리를 그 아들의 형상과 하나님의 모든 충만으로 채워, 그 생명과 사랑을 흘려보내는 영광스러운 통로로 만들어 갈 것입니다.

거듭 말씀드립니다. 신자의 성화는 크게 세 가지 은혜로 이루어집니다. 첫 번째는 보편적인 은혜로, 은혜의 방편을 성실하게 행하는 단계입니다. 두 번째는 치유를 통한 회복의 은혜로, 내적 걸림돌을 제거하는 성령의 '내적 치유'를 통해 멈추었던 성장을 회복하는 단계입니다. 마지막 세 번째는 온전한 위탁을 통한 자유와 해방의 은혜로, 자신의 모든 노력이 파산했음을 인정하고 성령의 통치에 온전히 내어 맡기는 '위대한 전환'의 은혜입니다.

그러므로 성화의 여정에서 죄로 넘어질 때, 혼란에 빠지거나 너무 낙심하지 마십시오. 그때야말로 자신을 내려놓고 하나님의 은혜를 구할 순간입니다. 성령님께 자신을 온전히 위탁하는 영광스러운 다음 단계로 나아가라는 하나님의 부르심임을 기억하십시오.

사도 바울이 그리스도를 얻기 위해 '모든 것을 해로 여김'을 먼저 과거형으로, 이어서 현재형으로 고백했듯이(빌 3:8), 우리의 성화 역시 한 번의 결단이 아니라, 현재도 지속적으로 이루어져야 할 헌신입니다. 때로 넘어지더라도 그 순간에도 우리 안에 내주하시는 주님을 붙들고 다시 일어서는 것이 성화의 경주입니다. 그러므로 뒤를 돌아보지 말고 오직 부르심의 푯대를 바라보며 나아가야 합니다.

우리 안에 내주하시는 그리스도 주님께서 우리와 동행하시며 이끌어 주실 것입니다. '나의 노력'이 아닌 온전히 깨어진 자로서 '성령의 이끄심'을 전적으로 의지하여 영광의 푯대를 향한 믿음의 경주를 계속해야 합니다. 그리하여, 모든 영광을 하나님께 올려드리면서, 영광에서 더 큰 영광으로 변화되어, 여러분 모두가 그리스도의 살아 있는 편지요 복음의 증인이 되시기를 주님의 이름으로 축복합니다.

[4강] 성경적인 성화: 주체와 동력의 전환

- 균형 잡힌 성화의 이해와 실천적 여정

23평화의 하나님께서 친히 여러분을 완전히 거룩하게 해주시고, 우
리 주 예수 그리스도께서 오실 때에, 여러분의 영과 혼과 몸을 흠이
없고 완전하게 지켜 주시기를 빕니다. 24여러분을 부르시는 분은 신
실하시니, 이 일을 또한 이루실 것입니다(살전 5:23-24, 표준새번역).

1. 성화는 '복음'이다

본문은 신자의 성화를 온전히 이루게 하시는 분이 누구신지를 분명히 선포합니다. 바로 우리를 거룩으로, 주 예수님을 닮도록 부르신 신실하신 하나님 자신이십니다. 그러므로 성화는 신자가 짊어져야 할 무거운 율법적 의무가 아니라, 하나님께서 주도적으로 행하시는 기쁘고 은혜로운 사역이어야 합니다. 그래서 성화에 관한 하나님의 말씀을 '성화의 복음'이라고 불러야 한다고 생각합니다.

그러나 안타깝게도 교회 안에, 오랫동안 성화에 대한 신학적인 오류가 있었기 때문에 오늘날의 교회가 깊은 정체의 위기에 빠져 있습니다. 그래서 오늘은 '엘리야의 집'이 전하는 성화의 가르침이

만들어지기까지, 개신교회의 여러 중요한 운동들 속에서 성화를 어떻게 가르쳤는지를 살펴보려고 합니다. 우리 이전 신앙의 선배들이 어떤 허물과 실수를 범했는지 알고, 그 아픈 경험 위에 세워진 엘리야의 집의 성화론을 겸손하면서도 담대하게 전하게 되기를 소망합니다.

1) 문제 배경: 한국 교회의 놀라운 성장과 쓰라린 현실

한국 교회는 지난 1970년부터 2000년까지, 세계 기독교 역사상 유례를 찾아보기 어려운 폭발적인 성장을 경험했습니다. 그러나 2010년 이후부터 한국 교회의 양상은 완전히 달라졌습니다. '구원받은 신자들의 삶이 변화되지 못하였으므로 교회 전체가 정체성의 위기 그리고 신앙의 침체에 빠진' 쓰라린 현실에 처하게 되었습니다.

2012년부터 역성장이 시작되면서, 믿지만 교회를 떠난 '가나안 신자들'과 교회에 출석하지만 신앙의 실체가 없는 '명목상의 신자들'이 전체 교인의 절반을 넘었습니다.

2) 근본적인 질문과 한 목회자의 고백

이것은 대부분의 교회 그리고 대다수의 많은 신자들이 '구원을 받았는데 왜 변화되지 못하는가?'라는 근본적인 물음 앞에서 좌절하고 있음을 보여 주는 현상입니다. 그런데 대부분의 목회자들은 근원적인 문제가 무엇인지 알지 못하고 단순히 더 기도하라, 성경을 더 많이 읽으라, 더 성령 충만하라는 말만 되풀이하고 있습니다.

이러한 현실에 대해 은퇴하신 홍정길 목사님은 깊이 통탄하며 이렇게 말했습니다.

> "진리(말씀)가 예배와 말과 신학 속에는 있는데, 실제 삶 속에는 없는 것, 이것이 오늘 한국 교회의 수치고 또 나의 수치입니다."(출처 요약: 2012년 6월 19일, 경기도 용인 향상교회 강연)

홍 목사님은 미국의 대형 교회들을 따라 했던 자신의 목회 40년을 실패라고 평가했습니다.

> "결론적으로 실패했구나 하는 생각이 듭니다. 제 목회 40년을 뒤돌아보고 제가 롤 모델로 삼았던 미국 대형 교회 목사들을 볼 때, 예배당이 크고 사람이 많이 모인 것 외에 (교회가 세상과) 뭐가 다르냔 말이지. 그런데 제가 그 허상을 좇아왔어요. 지금도 큰 것, 그것뿐이에요. 목표가 잘못 설정됐어요. 그런 점에서 실패예요. 그 사람들이 하는 제자 훈련도 해 보고 선교도 열심히 하고…. 속아서 여기까지 왔습니다. 우리는 모르고 여기까지 왔어요. 다음 세대는 속지 않았으면 좋겠어요."(요약 출처: 2013년 9월 16일, 뉴스앤조이 기사, 홍정길 목사 "나의 목회는 실패")

그는 로버트 슐러, 잭 하일스, 척 스미스 등 한때 교회 성장의 붐을 일으켰던 목회자들과 대형 교회를 목표로 두었다고 했습니다. 홍 목사님이 목회한 시절은 교회가 문을 열면 사람이 몰려들 때라, 스스로도 좋은 교회를 잘 따랐다고 여겼습니다. 그런데 시간이 흐르고 교회를 다시 보니 그게 아니었다는 것이지요. 교회에는 거대한 예배당만 남았고, 한 영혼을 귀히 여기는 그리스도인도, 열매도 남지 않았다고 지적했습니다.

그러면서 홍 목사님은 후배들이 자신의 실패를 넘어서길 바랐습니다. 기성세대가 물러나고 하나님 말씀대로 살려는 세대가 등장해야 한국 교회가 산다고 봤습니다. 그러기 위해서는 목사들이 바뀌어야 한다고 충고했습니다. 남에게 하는 설교가 아닌 자신에게 설교하는 자세, 하나님의 말씀을 몸으로 실천하는 자세를 가져야 한다고 했습니다. "내가 예수 그리스도를 따르듯, 당신도 나를 따르라"라고 자신 있게 말할 수 없는 목사와 제자 훈련은 가짜라는 것입니다.(참고자료: 신학과 목회 "나의 목회는 실패", 홍정길 목사)

교계 원로이자 복지재단 이사장인 홍 목사는 CBS "크리스천 NOW"에 초대받아 김응교 교수(숙명여대), 김종희 대표(뉴스앤조이)와 대담을 나누었고, 이 자리에서 자신의 목회가 많이 부족했노라고 고백했습니다. 이 고백은 단지 한 목회자의 개인적인 반성이 아니라, 오늘의 한국 교회가 직면한 구조적 병리의 요약이라 할 수 있습니다.

이렇게 일부 지도자들은 한국 교회가 폭발적인 성장 기간을 지나는 동안 몇 가지 문제점을 안고 있었기 때문에 오늘날의 위기가 왔다고 진단합니다. 교회가 '성장 제일주의'에 매달려서 교인 수를 늘리는 데 집중하고, 건축에 힘쓰면서 성화, 제자도, 하나님 나라, 성경적 윤리를 간과했기 때문이라고 합니다.

(1) 구원과 성화의 본질 재정립

그런데 구원과 성화는 과연 무엇이며, 이 여정은 어디에서 시작하여 어디를 향해 가는 것일까요?

우리는 구원을, 사람이 지은 모든 죄의 결과와 저주, 영원한 형벌에서 구원받는 것으로 이해합니다. 성화는 구원받은 신자가 하나님 나라의 백성, 하나님의 자녀라는 새로운 신분에 합당한 삶을 살아가는 실천적인 여정입니다. 이 모든 것의 출발점은 하나님의 독생자 예수 그리스도를 믿음으로 얻은 죄 사함의 은혜와 하나님을 아버지로 모시게 된 신분의 변화에서 오는 구원의 감격과 감사입니다.

문제는 이 '구원의 감격과 감사'라는 성화의 가장 강력한 동력 없이, 그저 '더 좋은 삶을 살겠다'는 세속적인 목표를 가지고 교회에 몰려오는 이들이 많았다는 것입니다. 교회가 이들에게 죄 사함의 감격과 성화의 영광을 명확히 가르치지 않았다면, 그것은 교회가 목표 설정을 잘못한 것입니다.

(2) 아브라함의 증거: 약속에서 순종으로의 전환

성화의 목표를 이해하기 위해 믿음의 조상 아브라함의 생애를 살펴보겠습니다. 아브라함은 성화가 어디에서 시작되어 어디로 완성되는지를 보여 주는 가장 확실한 증거입니다. 하나님께서 아브라함을 처음 부르실 때, 그에게 축복의 약속을 주셨습니다.

> **"네가 나를 따르면 부자가 되고, 장수하며, 자손을 많게 하겠다"**(창 12:2-3 요약).

하나님은 이 현세적 약속으로 아브라함의 마음을 이끄셨고, 결국 그 약속을 충실히 이루어 주셨습니다. 이것은 신앙의 초기 성화와 같습니다.

그러나 하나님은 그 약속을 성취하신 후, 아브라함을 약속 너머의 더 깊은 곳으로 부르셨습니다. 즉, 약속의 성취를 넘어서 하나님을 참으로 신뢰하고 경외하는 사람이 되게 하신 것입니다. 하나님은 아브라함이 가장 사랑하는 '독자 이삭'을 제단의 제물로 바치라는 상상할 수 없는 요구를 하셨습니다(창 22장). 그런데 아브라함은 이해 못할 하나님의 말씀을 믿음으로 순종하는 사람이 되었습니다.

이것이 바로 성화의 열매입니다. 아브라함의 신앙은 '축복의 약속 성취'를 넘어 '하나님과의 관계'로 그 목표가 전환되었으며, 결국 '자아적 겸손'과 '주체 전환'을 통해 성숙해졌습니다.

(3) 교회의 비전: 아브라함의 영적 후예들

우리 모두는 이 아브라함의 영적 후예들입니다. 따라서 아브라함의 영적 자녀들을 목회하는 교회의 목표는, 신자들을 현세적 축복을 넘어 하나님을 경외하는 아브라함을 닮는 신앙인이 되게 하는 것입니다.

(4) 결정적인 오류와 성화의 무거운 짐

그러나 많은 교회가 칭의의 복음을 성화의 능력으로 연결시키지 못했습니다. 겉보기에는 말씀을 강조하며 성화를 추구하는 듯했으나, 의도하지 않게 몇 가지 결정적인 오류를 저질렀습니다. 특히 성화의 주체를 신자 개인의 '노력'에 두게 한 오류가 결국 오늘날의 신자들에게 성화의 부르심을 무거운 짐으로 알게 했고, 좌절하게 만든 근본적인 원인입니다.

우리는 이제 그 오류들을 바르게 진단하고, 오직 신실하신 하나님께서 이루도록 이끄시는 '성화의 복음'으로 돌아가야 합니다.

3) 개신교의 주요 신앙 운동들이 범했던 결정적인 실수들

알고 보면, 오늘날 교회가 겪는 영적 무력감은 지난 수백 년간 개신교 주요 신앙 운동들이 성화와 성령의 역할에 관해 범했던 결정적인 과오에서 비롯된 것입니다. 그리고 우리가 전하는 '엘리야의 집 성화론'은 어느 날 갑작스러운 계시로 주어진 것이 아닙니다. 이것은 존중과 감사를 표해야 할 영적 선배들이 이끈 신앙 운동들이 범한 여러 오류와 아픔을 성찰하며, 교회를 성숙하게 하시는 하나님의 은혜로 만들어진 것입니다.

따라서 우리는 이런 관점에서, 우리의 토대가 되었던 개신교 주요 신앙 운동들이 범했던 결정적인 몇 가지 실수를 두려운 마음으로 돌아보고자 합니다.

(1) 칭의와 성화의 분리: '노력'(노모스)의 무거운 짐

종교개혁 이후에 세워진 개신교회는 칭의는 바르게 강조했지만, 성화는 신자의 꾸준한 '율법적인 노력'(노모스)으로 이루어진다고 잘못 가르쳤습니다. 그 결과, 신자들이 하나님의 큰 은혜로 구원을 받았으니, 이제부터는 스스로의 노력으로 성화의 삶을 살려고 몸부림쳤습니다. 교회가 큰 은혜를 입었으니 이제는 '더 노력하고, 더 참고, 더 헌신하여 은혜를 갚으라'고 다그쳤기 때문입니다.

칭의가 하나님의 전적인 은혜로 이루어진 것처럼, 성화도 하나님의 은혜로 이루어진다는 진리를 바로 가르치지 못했습니다. 그래서 성화의 동력을 온전히 '신자의 율법적인 노력(노모스)'이라고 알게 했습니다.

(2) 성령의 일하심에 대한 제한: 권능의 차단

더 나아가, 많은 교회가 성령님의 일하심을 부분적으로 제한했습니다. 예언이나 치유와 같은 은사는 신비주의라고 경계했고, 성령님과의 교제, 인도하심, 음성을 듣는 방법에 대해서 가르치기를 꺼렸습니다. 그 결과, 성화의 주체이신 '성령님의 주도적인 이끄심'(프뉴마토스)을 차단함으로써 칭의라는 신분적 선언이 성화라는 실제적 변화로 연결되지 못하였습니다.

그러나 오늘 본문과 같이, 성경은 성화가 신자의 노력이 아니라 신자 안에서 일하시는 성령님의 주도적인 은혜로 이루어진다는 것을 분명히 밝힙니다. 성경은 예수님의 성품이 신자 안에 이루어지게 하는 성령의 '열매'(프뉴마토스)가 성령님의 소유이며, 성령님께서 친히 맺게 하시는 것이라고 말씀합니다. 이는 신자가 아무리 애써도 자기 힘으로 성령의 열매를 맺을 방도가 없기 때문입니다.

그럼에도 불구하고, 성령님의 일하심을 증거하는 성경 진리를 외면하면, 누구도 성령의 열매를 맺을 수 없고, 겸손할 수 없으며, 외식하지 않을 수 없게 됩니다. 그래서 성경은 이미 거듭난 신자들에게 이렇게 경계합니다.

> **"그러므로 모든 악독과 모든 기만과 외식과 시기와 모든 비방하는 말을 버리고 갓난아기들 같이 순전하고 신령한 젖을 사모하라 이는 그로 말미암아 너희로 구원에 이르도록 자라게 하려 함이라"**(벧전 2:1-3).

이 말씀은 거듭난 신자에게 '악독, 기만, 외식, 시기, 비방'을 내려놓고 벗어 버리며 더 이상 붙들지 않는 결단을 요구합니다. 그리고 이런 옛 사람의 잔재들을 벗어 버리지 않으면 신자의 성장과 성화에 걸림이 된다는 말씀입니다.

그러나 교회가 죄를 회개하게 하고 성화에 대한 '성령의 주도권'(프뉴마토스)을 인정하며 '성령님께 항복하여 성화되는 법'을 가르치지 않았기 때문에, '칭의'라는 놀라운 신분 변화의 선언이 '성화'라는 실제적인 변화로 연결되지 못한 것입니다. 그래서 신자들은 만성적인 무력감과 근거 없는 영적 교만에 빠지고 말았습니다.

그 결과, 오늘날 교회가 신앙의 근육이 없는 무력한 '비만증 환자'처럼 되었습니다. 성화의 근원인 십자가의 겸손과 성령님의 주도권을 동시에 상실했습니다. 신앙의 본질을 찾지 못한 신자들은 자기 의를 쌓는 영적 교만과 외식에 빠져, 영적 침체와 교회의 신뢰도 추락이라는 결과에 처하게 되었습니다.

4) 개신교 신앙 운동의 성화 관련 심각한 과오를 돌아보며 드는 의문들

이 시점에서 우리의 마음속에 이런 질문이 떠오를 수 있습니다. 성화는 하나님의 명령이고, 성경에 자세히 기록되어 있으며, 우리 안에는 성령님이 계십니다. 심지어 교회의 역사에는 매우 훌륭한 신학자와 지도자들이 많았습니다. 그런데 왜 성화의 실제적 가르침과 사역이 계속 공백으로 남아 있어서, 심각한 오류를 거듭 반복한 것일까요?

사실, 이 질문은 교회사를 관통하는 가장 핵심적인 문제를 지적합니다. 그 원인은 하나님의 능력 부족이 아니라, 신학의 역사적 편중 현상과 죄성의 지속적인 영향력이 복합적으로 작용한 결과로 보입니다.

(1) 칭의론 사수를 위한 역사적인 집중

앞에서 나눈 것처럼, 종교개혁 이후 신학자들은 가톨릭의 행위 구원론에 맞서 '오직 믿음으로 의롭다 함을 얻는다'란 칭의 교리를 확고히 하는 데 모든 힘을 쏟았습니다. 그 결과, 의도치 않게 성화는 칭의의 자동적인 결과물처럼 취급되었고, 칭의만큼 세밀하고 구체적인 성화론과 목회적 사역론은 개발되지 못했습니다.

(2) 지성주의와 신자의 내면 간과

신학이 교리의 지적 정확성에 집중하는 동안, 신자들 내면의 상처와 왜곡된 신념, 그리고 죄와 옛 사람의 잔재를 다루는 '실천 신학적 깊이'는 소홀히 다뤘습니다. 예수님께서 '씨 뿌리는 비유'로 말씀하신 '마음 밭 기경'의 중요성을 간과한 것입니다.

(3) 성령의 제한과 율법적 권면

성령님의 권능과 인도하심을 신비주의라고 경계했기 때문에 성화는 자연스럽게 "더 참고, 더 노력하고, 더 헌신하라"는 율법적인 책무로 전락했습니다. 성화의 주체(성령님)와 동력(기쁨과 감사)을 신자의 노력(노모스)으로 전환한 것입니다.

2. 우리의 진단: 성경적인 균형과 실천적 방안이 없는 성화론이 문제다

이러한 문제의 근본적인 원인은 씨 뿌리는 비유에서 예수님께서 강조하신 '마음 밭'의 변화, 즉 성화의 원리에 대한 바른 이해 부족에 있다고 확신합니다.

정리하면, 오늘날의 사태는 지난 수백 년간 교회를 이끌어 온 주요 신앙 운동(교단)들이 성령을 제한하고 성화를 인간의 노력(노모스)으로 이루는 것으로 가르치며, 성화의 구체적인 방도를 제시하지 못했기 때문입니다.

그래서 엘리야의 집이 강조하는 마음의 변화와 성화의 원리를 올바르게 이해하는 것이, 실천 가능하고 균형 잡힌 성화의 토대를 세우는 첫걸음이 될 것이라고 믿습니다.

1) 엘리야의 집: 실천 가능하고 균형 잡힌 성화의 4단계 모델 제시

엘리야의 집은 '마음 밭 기경'(내적 치유의 심층적 성화)과 '성령님께 주도권을 넘겨드리는 주체 전환'(성숙한 성화)의 원리를 포함한 성화의 4단계 모델을 제시합니다. 이를 통해 실천 가능하고 성경적으로 균형 잡힌 가르침과 사역을 제공하고자 합니다. 단, 이 단계들은 시간적으로 구분되는 단계가 아니라, 성령님께 순종하며 점진적으로 깊어지는 성화의 여정입니다.

2) 성화의 정의 – 현재적으로 이루어지는 구원(구원의 현재)

성화(Sanctification)는 '모든 신자에게 주어진 하나님의 명령'이며, 우리의 구원이 지금 이 순간에도 '현재적으로 이루어지는 것'임을 뜻합니다. 성화는 신자가 성령님께 순종하면서 죄로부터 더 자유로워지고, 그리스도의 성품을 닮아가는 평생에 걸쳐 지속되는 변화의 여정입니다.

"오직 너희를 부르신 거룩한 이처럼 너희도 모든 행실에 거룩한 자가 되라 기록되었으되 내가 거룩하니 너희도 거룩할지어다 하셨느니라"(벧전 1:15-16).

"그러므로 나의 사랑하는 자들아 너희가 나 있을 때뿐 아니라 더욱 지금 나 없을 때에도 항상 복종하여 두렵고 떨림으로 너희 구원을 이루라"(빌 2:12).

3) 성화의 4단계

우리는 성화의 여정 안에 성령님의 주도적인 은혜와 신자의 순종적인 노력이 결합되어, 점점 깊어지는 다음의 4단계가 있다고 믿습니다.

(1) 성화의 첫 단계: 칭의와 거듭남(성화의 기초)

우리가 회개하고 예수 그리스도를 주와 구주로 믿어 영접할 때, 하나님께서 우리를 의롭다고 선언하시고(칭의), 성령으로 새 생명을 주시는(중생) 단회적 시작입니다. 이 분명한 기초가 없이는 성화의 다음 단계는 불가능합니다.

(2) 성화의 두 번째 단계: 초기적 성화(자력적 노력의 한계 경험)

거듭난 신자가 교회에 속해서 말씀 읽기, 기도, 예배 등 보편적인 '은혜의 방편'을 행하면서 영적으로 성장하고 성화의 여정을 가는 시기입니다. 말씀 읽기, 기도, 예배 등 보편적인 은혜의 방편은 모든 신자가 평생 동안 행해야 할 은혜의 원천입니다. 이 단계가 복음주의 교회가 가장 강조하는 영역입니다.

그런데 자력적으로 은혜의 방편을 행하다 보면, 언젠가 죄성과 옛 사람의 잔재, 성장기의 상처들 때문에 영적 성장이 정체되는 시기를 만나게 됩니다. 저는 복음주의가 이런 한계와 그로 인한 좌절을 다루는 데 미흡하다고 봅니다.

(3) **성화의 세 번째 단계: 심층적 성화**(마음 밭 기경–내적 치유를 통한 돌파)

변화와 성장이 정체에 부딪히는 때는 '성령이 일하심으로 마음 밭의 걸림들(죽은 옛 사람의 잔재, 상처, 쓴 뿌리 등)을 제거하여 마음을 기경하는 과정'입니다. 내적 치유로 죄를 회개하고 속사람이 치유되어, 온유하고 깨끗한 마음으로 말씀을 받고(약 1:21), 그리스도를 바라봄(고후 3:18)으로 성화를 계속 이루게 됩니다.

단, 이 단계에서 주의할 것이 있습니다. 이 심층적 은혜는 은사주의의 치유 사역과 연결되지만, 내적 치유 자체가 최종 목적이 되거나 신자의 윤리적 책임을 회피하는 수단이 되어서는 안 된다는 것입니다. 다만 성화의 여정 중에 더 깊은 순종을 위한 '필수적인 통로(단계/수단)'일 뿐입니다.

(4) **성화의 네 번째 단계: 성숙한 성화**(자력주의 파산과 주체 전환)

심층적 성화를 이루어가던 신자가 마침내 "오호라 나는 곤고한 사람이로다"라는 절망, 즉 '자력주의의 파산'에 부딪힙니다(롬 7:24). 이렇게 자신의 힘으로는 도저히 죄를 이길 수 없음을 철저히 인정하는 순간, 성령님께서 개입하셔서 로마서 8장의 온전한 자유로 이끄십니다. 이는 신자가 자신의 주체성을 포기하고 성령님께 삶의 모든 주도권을 온전히 위탁하는 '주체 전환' 단계로 들어서는 것을 의미합니다.

이렇게 첫 단계인 칭의와 중생에서 시작된 성화는, 둘째 단계에서 보편적인 은혜의 방편을 행함으로 진전되지만, 셋째 단계에서 옛사람의 잔재와 죄성으로 인한 내적 한계를 만나 내적 치유를 통한 돌파가 필요합니다. 넷째 단계에서는 성령께 완전한 주도권을 위탁하는 것이, 성경이 보여 주는 성화의 전체적 여정의 큰 그림입니다.

4) 주체의 전환

결국 성화의 주체는 연약한 '나'가 아닌, 내 안에 사시는 그리스도(갈 2:20)와 우리 안에서 행하시는 하나님(빌 2:13)이십니다. 성령의 생명의 법의 다스림을 받아들이려면 먼저 자아를 포기하는 순종이 요구됩니다.

> **"내가 그리스도와 함께 십자가에 못 박혔나니 그런즉 이제는 내가 사는 것이 아니요 오직 내 안에 그리스도께서 사시는 것이라…"**(갈 2:20).

> **"너희 안에서 행하시는 이는 하나님이시니 자기의 기쁘신 뜻을 위하여 너희에게 소원을 두고 행하게 하시나니"**(빌 2:13).

5) 동력의 전환

주체가 바뀌어 성화의 동력이 '율법적 책무'가 아닌 '감사와 기쁨'

으로 전환되어야 합니다.

"…여호와로 인하여 기뻐하는 것이 너희의 힘이니라"(느 8:10).

"믿음의 주요 또 온전하게 하시는 이인 예수를 바라보자 그는 그 앞에 있는 기쁨을 위하여 십자가를 참으사 부끄러움을 개의치 아니하시더니…"(히 12:2).

존 파이퍼 목사님의 '기독교 희락주의'는 "하나님은 우리가 하나님 안에서 가장 만족할 때, 우리를 통해 가장 크게 영광을 받으신다"라고 이를 강조합니다.

(1) 성화의 힘

성화의 능력은 죄를 이기려는 인간적인 노력에서 나오지 않습니다. 오직 하나님이 주시는 구원의 능력, 구원의 기쁨과 사랑, 그리고 내주하시는 그리스도와 함께하시는 성령님의 은혜로 인한 감격에서 비롯됩니다.

그래서 '반드시 내가 해야 한다'란 강박이 아니라, '하나님만이 나의 최고의 기쁨과 만족이시다'라는 확신, 십자가 죄 사함의 감격 그리고 내재하신 그리스도로 인한 감격 등 결국 이 모든 것을 이루신 하나님의 크고 영원한 사랑에서 비롯됩니다.

3. 성화의 열매를 균형 있게 추구하라: 인격과 관계 지향적 실천

'성령님의 능력'이 우리의 '성품'을 그리스도를 닮도록 빚으시는

데 집중되도록 우리가 간구하고 순종할 때, 우리는 성화의 목표에 더 가까워집니다.

1) 성령을 따라 행하라

그러므로 우리가 할 일은 '성령을 따라 행하는 것'이며, 성령의 인도함을 따를 때 성령님께서 당신의 열매를 우리 삶에 자연스럽게 맺어주십니다.

> **"내가 이르노니 너희는 성령을 따라 행하라 그리하면 육체의 욕심을 이루지 아니하리라"**(갈 5:16).

그런데 오해와 불신으로 교회가 성령의 사역을 제한하고 신자들이 성령님을 따르는 것을 경계한다면 어떻게 될까요? 성화는 단지 힘들고 무거운 율법적인 책무로 남게 됩니다.

이것이 오늘날 많은 복음주의 교회 리더들이 여전히 범하는 가장 큰 잘못입니다. 이는 성령님을 들으라고 하신 말씀(살전 4:8; 계 3:13)과 학식과 덕망의 사람 아볼로가 아닌 바울을 본받으라고 명하신 말씀(고전 11:1)을 외면하는 죄를 짓는 것입니다.

2) 관계 지향적 열매

성령의 열매(사랑, 화평, 자비 등)는 모두 타인 지향적·관계적·공동체적 열매입니다. 그러므로 성령의 열매를 개인적 영성 훈련의 결과물로 축소해서는 안 됩니다. 복음주의 운동이 강조하는 '경건의 의무'는 종종 개인적인 큐티, 기도, 말씀 암송에 집중되어 공동체나 세상에서의 실제적인 윤리적 행위와 분리되는 경향이 있습니다.

그런데 성경은 성령의 열매가 개인이 홀로 고독하게 맺는 열매가 아니라고 합니다. 갈라디아서 5장은 이 열매를 언급하기 직전에, 신자들 사이에서 "만일 서로 물고 먹으면 피차 멸망할까 조심하라"(갈 5:15) 경고합니다. 이 열매는 가정, 교회, 사회 현장에서 이웃을 향한 사랑과 정의로 드러나야 합니다.

> **"오직 성령의 열매는 사랑과 희락과 화평과 오래 참음과 자비와 양선과 충성과 온유와 절제니…"**(갈 5:22-23).

4. 현대 교회 안에서 발견되는 성화의 이해와 실천적 여정의 차이점

이제부터는 엘리야의 성화 4단계 모델의 관점에서, 그동안 개신교회 안에서 일어난 주요 운동들이 성화를 가르친 내용을 분석하고, 성경적 보완점을 살펴봅니다.

1) 복음주의 운동: 노력과 지식의 한계

복음주의 운동은 개신교의 주류 운동(장로교, 침례교 등)으로서, 말씀과 기도를 중심으로 한 '은혜의 방편'을 강조하며 성화 2단계(초기적 성화)에 집중합니다. 성경 지식을 쌓아 정통성과 선교적 열정을 고취시키는 데 큰 공헌을 했습니다. 말씀, 기도, 예배 등 성화를 위한 보편적인 은혜의 방편을 강조합니다. 그러면서 성화의 동력을 신자의 노력이나 의무에 두었습니다.

이로 인해 일부 신자들이 자력적 노력의 함정에 빠져 만성적 죄책감과 무력감을 갖게 하는 경우가 많습니다. 또한 지식이 인격으로 연결되지 못하는 머리만 커진 신앙인을 만들어 영적 교만을 키울 위험이 컸습니다.

> **"…지식은 교만하게 하며 사랑은 덕을 세우나니"**(고전 8:1).

엘리야 모델을 통한 보완책은 다음과 같습니다.

① 심층적 성화 수용: 초기적 성화에서 정체에 부딪힐 때, 내적 치유를 통한 심층적 성화(마음 밭 기경)가 필요함을 인정해야 합니다.

② 성숙한 성화 통합: 신자의 어떤 노력(자력주의)으로도 죄를 이길 수 없다는, 로마서 7장의 좌절을 통한 '자력주의의 파산'이 필수 관문임을 강조하고, 성화의 동력을 하나님 안에서의 기쁨과 감사로 전환해야 합니다.

2) 오순절/은사주의 운동: 성령 체험과 능력에 치우침

오순절 운동(아주사 부흥)과 은사주의 운동(주류 교단 내 오순절 영성 확산)은 뜨겁고 역동적인 예배와 성령 세례, 방언, 치유 등 초자연적인 은사에 대한 열정을 회복시켰습니다.

그러나 반면, 단절적이고 경험 중심적 이해를 보였습니다. 성령 세례와 성령 체험을 통해 성화가 단번 또는 단기간에 이룰 수 있다고 보는 경향이 있어서, 평생 동안 이루는 점진적인 과정(성화 2, 3단계)을 경시합니다.

또한 은사 우위의 위험성을 내포하고 있습니다. 성화의 초점인 그리스도를 닮는 성품적 변화보다 능력(은사) 받는 것을 강조하다 보니, 능력은 있으나 인격은 미성숙한 상태를 용인하게 됩니다. 또한 이 운동 가운데 일부가 번영신학과의 결합함으로 전체적으로 자기희생과 자아 부인이 간과되기 쉽습니다.

> **"내가 사람의 방언과 천사의 말을 할지라도 사랑이 없으면 소리 나는 구리와 울리는 꽹과리가 되고"**(고전 13:1).

엘리야 모델을 통한 보완책은 다음과 같습니다.

① 인격화된 성화: 성령의 능력은 성화를 위한 은총의 방편이며, 성령의 열매(인격)가 은사(능력)보다 우선임을 강조해야 합니다.

② 과정과 체험의 균형: 성령 충만은 단회적 경험이 아니라, 일상생활에서의 지속적인 순종의 상태임을 재확인해야 합니다.

5. 성경적 성화를 위한 통합적 제안

성숙한 성화론은 과거의 운동들이 지닌 장점을 통합하고 실패와 약점을 보완하여서 성경적으로 균형을 이루게 합니다.

1) 복음주의 보완: 동력의 전환

성화는 칭의의 은혜가 신자의 삶에 나타나는 것으로, 율법적 의무가 아닌 '성령님의 은혜와 그리스도의 사랑(기쁨)'이 동력이 됩니다. 성화 3단계(심층적 성화/내적 치유)를 통해 죄성과 옛 사람의 잔재로 인해 맺지 못했던 열매를 맺게 해야 합니다.

2) 오순절/은사주의 보완: 인격(성품)과 능력의 우선순위

성화의 목표는 그리스도의 형상을 닮는 인격적 열매를 맺는 것이며, 성령님의 능력은 그 인격을 통해 하나님을 봉사하는 방편입니다.

3) 모든 운동의 핵심적 보완: 자아적 겸손(자력주의의 파산)

복음주의, 오순절, 은사주의 등 모두 공통적으로, 거듭난 신자 안에 있는 죄의 세력과 옛 사람의 잔재 그리고 그로 인한 마음 밭의 문제를 실천적으로 다룰 만큼 이끌어주지 못했습니다. 교회는 마음 밭의 기경과 변화를 가능하게 하는 성경적인 처방 즉 성경적인 내적 치유를 적극 수용해야 합니다.

씨 뿌리는 비유의 교훈을 잘 정리하고, 특히 공개적으로 배도한 베드로를 찾아가신 예수님의 모본을 따라서 상처와 죄로 고통을 당하는 신자들에게 하나님의 용서, 위로, 치유의 손길이 미칠 수 있게 해야 합니다.

아울러 자력주의의 파산이 신자의 의지, 지식, 체험으로는 죄를 이길 수 없음을 철저히 인정하는 영적 절망이며, 이 고백 없이는 영적 교만(외식, 능력 지향적 교만)에서 벗어날 수 없음을 잊지 말아야 합니다.

우리는 십자가(자기 부인)만이 삶의 주도권을 성령님께 온전히 넘겨드리는 주체 전환을 이루게 하고, 성화가 끝까지 하나님의 은혜 사역으로 남게 하는 필수적 관문임을 명심해야 합니다.

결론을 맺습니다.

우리는 복음주의와 오순절주의, 은사주의를 포함한 선대의 신앙 운동들이 '성화의 주체'를 바로 세우지 못하고, 신자의 의지와 노력에 의존하게 했던 결정적인 실수를 돌아보았습니다. 신자의 의지와 힘으로 죄를 이기고 성화될 수 있다고 믿는 자력주의는 결국 영적 교만을 낳고, 성화의 여정에 들어가기 전에 벌써 신자의 영혼을 무기력하게 만들었습니다.

그러나 감사하게도 하나님께서는 우리에게 진정한 해방의 길을 열어 주셨습니다. 그것은 바로 마음의 치유와 십자가 자기 부인의 영적 절망을 통과하는 것입니다!

이제 우리에게 필요한 것은 철저한 자아적 겸손입니다. 나의 의지, 나의 체험, 나의 지식이 죄의 세력을 이길 수 없음을 최종적으로 인정하고, 상한 마음을 성령님께서 치유해 주시며, 우리가 삶의 주도권을 성화의 주체이신 성령님께 온전히 넘겨드리는 결단을 할 수 있도록 기도해야 합니다.

자기 부인의 십자가 관문을 통과할 때, 비로소 성화는 우리의 무거운 노력(노모스)의 짐이 아니라, 하나님의 전적인 은혜의 사역으로 삶에 꽃피게 될 것입니다.

[5강] 성화의 현실과 예수님의 제자 목회

18나는 내 속에, 곧 내 육신 속에 선한 것이 깃들어 있지 않다는 것
을 압니다. 선을 행하려는 의지는 나에게 있으나, 그것을 실행하지 않
으니 말입니다. 19나는 내가 원하는 선한 일은 하지 않고, 도리어 원
하지 않는 악한 일을 합니다. 20내가 해서는 안 되는 것을 하면, 그것
을 하는 것은 내가 아니라, 내 속에 자리를 잡고 있는 죄입니다. 21여
기에서 나는 법칙 하나를 발견하였습니다. 곧 나는 선을 행하려고 하
는데, 그러한 나에게 악이 붙어 있다는 것입니다. 22나는 속사람으로
는 하나님의 법을 즐거워하나, 23내 지체 속에는 다른 법이 있어서 내
마음의 법과 맞서서 싸우고, 내 지체 속에 있는 죄의 법에다 나를 사
로잡는 것을 봅니다. 24아, 나는 비참한 사람입니다. 누가 이 죽음의
몸에서 나를 건져 주겠습니까? 25우리 주 예수 그리스도를 통하여
나를 건져 주신 하나님께 감사를 드립니다. 그런데 내가 마음으로는
하나님의 법에 복종하고, 육신으로는 죄의 법에 복종하고 있습니다.
1그러므로 그리스도 예수 안에 있는 사람들은 정죄를 받지 않습니
다. 2그것은, 그리스도 예수 안에서 생명을 누리게 하는 성령의 법이
여러분 각자를 죄와 죽음의 법에서 해방하여 주었기 때문입니다. 3육
신이 연약하므로, 율법이 할 수 없던 것을 하나님께서 하셨습니다. 곧
하나님께서는 죄를 속하여 주시려고, 자기의 아들을 죄된 육신을 지

닌 모습으로 보내셔서, 육신에다 죄를 정하셨습니다. 4그것은, 육신을
따라 살지 않고 성령을 따라 사는 우리에게서, 율법이 요구하는 바가
완성되게 하시려는 것입니다. 5육신을 따라 사는 사람은 육신에 속한
것을 생각하나, 성령을 따라 사는 사람은 성령에 속한 것을 생각합니
다. 6육신에 속한 생각은 죽음입니다. 그러나 성령에 속한 생각은 생
명과 평화입니다. 7육신에 속한 생각은 하나님께 품는 적대감입니다.
그것은 하나님의 법을 따르지 않으며, 또 복종할 수도 없습니다. 8육
신에 매인 사람은 하나님을 기쁘시게 할 수 없습니다. 9그러나 하나
님의 영이 여러분 안에 살아 계시면, 여러분은 육신 안에 있지 않고,
성령 안에 있습니다. 누구든지 그리스도의 영이 없으면, 그리스도의
사람이 아닙니다(롬 7:18-8:9, 표준새번역).

5강의 주제는 성화의 부르심, 성화의 현실, 그리고 성화를 이루게 하는 예수님의 제자 목회입니다.

우리는 그동안 여러 번에 걸쳐서, 오늘날 교회가 겪는 심각한 침체와 쇠퇴의 원인이 성화를 바르게 가르치지 않고, 성화의 주체이신 성령님의 온전한 역사를 제한했던 교회의 과오 때문인 것을 살펴보았습니다.

저는 교회가 오랫동안 신자들이 짓는 죄를 책망하지 못했고, 성화의 방도를 제시하지 못했으며, 성령님의 역사를 제한했기 때문에 오늘날 심각한 위기에 처했다고 믿습니다. 그로 인해 많은 신자들이 '나는 분명히 예수님을 믿고 새사람이 되었는데, 왜 여전히 죄를 짓고, 삶의 변화가 없는가?'라는 질문을 품고 깊은 좌절에 빠져

있습니다. 근본 원인은 교회가 성화를 바르게 가르치지 못한 데 있는데, 신자들은 그 책임을 자신의 탓으로 알고 자책과 영적 무기력에 빠지게 되었습니다.

제가 교회의 이런 상황을 평가하고 지적할 자격은 없지만, 성경에 비추어 볼 때, 성화를 바르게 가르치지 않고 성령님의 역사를 제한한 것은 분명하고도 심각한 허물입니다. 그 결과, 많은 성도들이 교회를 떠났고, 교회가 능력을 잃었으며, 역성장하게 되었습니다.

그런데, 신자의 성화는 도덕적 개선이나 율법적인 행위를 더 잘하는 것이 아닙니다. 죄에서 더 자유롭게 되며, 예수님을 닮아서 점진적으로 변화하는 과정이 성화입니다. 성화는 하나님의 명령입니다. 그러므로 모든 신자는 성령님을 따르며, 말씀의 능력으로 그리스도의 형상을 더 닮아 가야 하며, 삶의 모든 분야에서 거룩을 실천해야 합니다. 그러나 많은 교회가 신자들의 죄를 지적하지 않았고, 성화의 방도를 가르치지 않았습니다.

성화는 칭의와 중생의 결과로 나타나는 삶의 변화이고, 구원의 현재입니다. 따라서 성화를 바르게 가르치지 않는 교회의 신자들은 구원의 실재를 경험하지 못하게 됩니다. 아울러, 성령님은 신자의 삶을 변화시키고 성화의 여정을 이끄는 신적인 주체입니다.

그리고 성령의 은사는 오늘날에도 모든 신자에게 필요한 성화의 중요한 도구입니다. 하지만 많은 교회가 성령님의 은사와 나타나심, 그리고 성령님을 듣고 인도하심을 따를 방도를 가르치지 않아서 성화를 이루는 데 큰 걸림이 되었습니다. 이로 인해 신자들의 변화가 중단되고, 영적 쇠퇴와 교회의 역성장이 일어나게 되었습니다.

물론, 포스트모더니즘과 같은 교회 외적 요인들도 큰 영향을 미친 것이 사실입니다. 하지만 성령의 역사와 성화에 대한 가르침이 부족했던 점이 훨씬 더 심각한 문제입니다. 포스트모던 시대이기 때문에 성령님의 나타나심이 더 필요함에도 불구하고 교회가 이를 제한했기 때문에, 신자들이 영적 능력을 경험하며 전도할 능력이 약화된 것입니다.

그러므로 이제라도 교회는 성화의 부르심과 성령님의 역사를 바르게 가르쳐서, 신자들로 하여금 그리스도의 형상을 닮아가게 하는 사명을 회복해야 합니다.

성경은 모든 신자들이 성령님 안에서 변화되고 성화되는 삶을 살아야 한다고 가르칩니다. 예수님께서는 "성령 그가 너희에게 모든 것을 가르치고 내가 너희에게 말한 모든 것을 생각나게 하리라"(요 14:26)라고 말씀하셨으며, 사도 바울은 '성령을 따라 살면 육체의 욕심을 이루지 않는다'라고 했습니다(갈 5:16-18). 이는 교회가 지속적으로 강조해야 할 중요한 진리입니다.

그런데 교회가 신자들이 짓는 죄를 묵인하고 성화를 바르게 가르치지 않고, 성령님을 제한함으로 하나님 앞에서 죄를 지었습니다. 그러므로 교회들은 회개하고 성령님과 성화에 대한 바른 가르침을 전해야 합니다. 그렇게 함으로써 신자들의 영적 성숙과 성화, 그리고 교회의 영적, 내적 부흥을 이끌어내야 합니다.

오늘은 이런 이해를 바탕으로 성경에서, 예수님과 가장 가까웠던 제자들이 겪었던 믿음의 실패와 좌절 속에서 예수님께서 그들을 어떻게 성화로 이끄셨는지를 살펴보고자 합니다.

성경을 보면, 그분들이 겪었던 죄와 실패는 오늘날 우리가 겪고 있는 문제들과 크게 다르지 않았음을 알 수 있습니다. 그래서 예수님께서 그들을 이끄신 것처럼, 오늘날 좌절에 빠진 우리를 동일하게 긍휼히 보며 이끄는 영원한 목자이자 감독이신 주님을 바로 따르게 되길 소원합니다. 성화에 관한 실제적인 해답을 찾고, 거듭 죄를 짓고 실패한 제자들이 좌절과 혼란에서 벗어나 성화의 여정을 걸어갈 수 있도록 이끄신 예수님의 은혜를 깊이 체험하게 되기를 원합니다.

1. 성령 강림: 실패한 제자들의 근본적 변화

예수님을 따르던 초기 제자들은 예수님의 말씀을 듣고 표적과 능력의 나타나심을 보고 믿고 따르기 시작했지만(요 1:49), 여전히 인간적인 한계와 불신앙, 두려움 속에 있었습니다. 그래서 자주 분노하며, 서로 높은 자리를 차지하려고 다투었고(막 10:35-37), 결국 예수님의 수난 앞에서 배도하는 연약함과 악함을 드러냈습니다(마 26:69-75).

그러나 예수님은 계속 용서하셨고, 자력주의의 파산을 경험한 그들에게 성령 강림을 통해 외적 사역의 권능(행 1:8)뿐 아니라 내면적인 변화, 치유와 성화를 이룰 은총을 부어 주셨습니다. 성령께서 약속된 '진리의 영'으로 임하셔서 제자들의 마음을 크게 변화시키셨고, 예수님의 가르침을 온전히 이해할 수 있는 영적 통찰력을 갖게 하셨습니다(요 14:26, 16:13).

그래서 사도들과 제자들은 더 이상 두려움이나 육신적인 욕망에 이끌리지 않게 되었습니다. 거룩한 삶의 용기와 성령의 권능으로 예수님의 증인이 되었는데, 이는 성령 강림이 외적 사역의 능력뿐만 아니라 내면 깊은 성화를 이루게 하는 결정적인 사건이었음을 입증합니다.

1) 거듭난 신자의 지속적인 투쟁: 여전히 짓는 죄와 거룩한 성화의 부르심

성경은 이렇게 예수님을 믿음으로 의롭다 하심을 받아 거듭난 신자들 안에, 예수님의 제자들이 그랬던 것처럼 여전히 죄와 악, 사망의 법과 옛 사람의 잔재들이 있음을 알게 합니다.

서신서는 거듭해서 교회에 속한 신자들이 짓는 많은 죄를 지적하고, 회개를 촉구합니다. 그러면서 거듭난 신자가 죄를 안 지을 수는 없지만, 그럼에도 불구하고 거듭 회개하며, 피 흘리기까지 죄와 싸우고, 주 예수 그리스도를 닮아 가는 성화의 부르심을 거듭 강조합니다.

그러므로 우리는 죄의 법을 따르려는 우리 육체의 소욕과 생명의 성령을 따르려는 속사람의 갈망, 이 두 가지 갈등 속에서 무엇을 선택할지를 계속 결정해야 합니다.

(1) 제자들이 사도로 임명된 후에도 범한 죄와 허물들

① 지배욕과 시기: 야고보와 요한을 중심으로 사도들이 자기들 중에 누가 제일 크냐를 놓고 거듭 다투었습니다(막 10:35-45). 혹시 교회나 사역 단체의 리더들 중에서, 누가 제일이냐고 물밑에서 서로 다투고 있지는 않습니까?

② 분노와 정죄: 사마리아 사람들이 자기들의 일행을 환영하지 않자 하늘로부터 불을 내려서 저들을 불태워서 멸하자고 주장했습니다(눅 9:54). 여러분이 운전하는데 누가 위험하게 앞질러 끼어들면 그 운전자에게 분노하지 않습니까?

③ 육신의 충동: 베드로는 예수님을 체포하러 온 사람들을 대적

하여 칼을 휘둘러 대제사장의 종 말고의 귀를 자르는 포악을 행했습니다(요 18:10). 혹시 여러분의 말을 듣지 않고 계속 떼 쓰는 철없는 자녀에게 매를 들고 위협하지는 않나요?

④ 비겁한 배신: 예수님 체포되실 때 거의 모든 제자가 도망갔습니다(마 26:56; 막 10:35-45; 눅 9:54; 요 18:10). 평생 교회를 위해 희생한 목회자가 은퇴할 때, 상식 이상의 큰 금액을 요구하고 사택으로 쓰던 고가의 아파트를 달라고 한 경우는 이와 얼마나 다른 성격의 일일까요? 평소에 가르쳤던 예수님의 가르침을 배신한 점에서, 안타깝지만 크게 다르지 않습니다.

제자들은 예수님의 말씀을 듣고, 행하신 권능을 보고 예수님이 메시아라고 믿고 따랐습니다. 그런데 그중에서 뽑혀서 사도로 세워진 이들이 여러 죄를 짓고 결정적인 순간에 배도한 것은, 그들 안에 여전히 인간적인 본성, 두려움, 세상적인 가치관이 있었기 때무이었습니다. 사도들이 그렇게 거듭 넘어지고 심각한 죄를 지은 이유는 두 가지로 요약할 수 있겠습니다.

첫째는 옛 사람의 잔재와 영적 미성숙입니다. 오순절에 임하신 성령님으로 마음이 크게 변화되기 전까지, 사도들은 육신적인 생각과 인간적인 한계 안에 머물러 있었습니다. 그것은 그때까지도 옛 사람에게 길들여진 습성, 왜곡된 신념들이 많았기 때문입니다. 그래서 예수님의 말씀을 듣고 깨닫는 영적 통찰력이 부족했기에 자주 넘어지기 쉬웠습니다.

둘째는 세속적 메시아 관입니다. 사도들은 예수님을 로마의 압제로부터 해방시킬 정치적·군사적 메시아로 오해했습니다. 그래서 예수님께서 고난을 예고하실 때마다 거듭 바로 이해하지 못했고, 오히려 누가 곧 도래할 천국의 높은 자리를 차지할 것인가를 두고 다투는 세속적인 욕망에 사로잡혔습니다.

그들은 마치 오늘날 많은 신자들이 구원의 놀라운 은총을 깊이 깨닫지 못하고, 단순히 더 나은 삶을 살기 위해 교회에 다니는 것과 같았습니다. 구원의 의미와 하나님이 부르신 뜻을 바로 알지 못하는 불신앙 때문에, 인간적인 욕심과 두려움에 빠져서 죄를 지었던 것입니다.

그러나 예수님은 제자들의 죄와 연약함을 거듭 용서하시며, 그들이 성숙과 성화를 이루도록 인내와 사랑으로 이끄셨습니다. 그런데 언제나 변함없으신 예수님은 동일하게 오늘 우리의 죄성과 연약함과 지은 죄를 다 아시지만 계속 용서하시고, 우리가 회개하고 돌이켜 성숙해지고 성화되도록 이끄십니다.

(2) 죄의 잔재와 긴장 관계

베드로는 성령 강림절 이후에, 이방인과 교제하다 예루살렘에서 내려온 신자들을 보고 그러지 않았던 것처럼 외식하여 사도 바울에게 책망을 들었습니다(갈 2:11-14). 이는 성령 충만한 신자 안에서 죄의 기질과 위선이 여전히 작용할 수 있음을 보여 줍니다. 그래서 나중에는 본인이 베드로전서 2장 1절로 신자들에게 이렇게 경고합니다.

> "그러므로 모든 악독과 모든 기만과 외식과 시기와 모든 비방하는 말을 버리고."

사도 바울은 "오호라 나는 곤고한 사람이로다 이 사망의 몸에서 누가 나를 건져 내랴"(롬 7:24)라고 탄식했습니다. 그것은 거듭난 자신의 '속사람'이 하나님의 법을 따르려고 하는데, '육체'는 죄의 법을 따르려 하기 때문이며, 둘 사이에 지속적이고 치열한 내적 투쟁과 갈등이 있음을 보여 줍니다.

이러한 사도들의 모습은 우리 내면에 죄의 본성, 옛 사람의 잔재들, 옛 사람에게 길들여진 악한 습성, 육신의 정욕이 있어서 죄에서 자유로울 수 없는 우리 현실을 바로 알게 해줍니다.

이렇게 우리는 우리가 처한 모순적인 긴장 상태를 성경적으로 바로 이해해야 합니다. 곧, 로마서 7장과 복음서, 서신서가 보여 주듯, 죄를 안 지을 수 없는 안타까운 현실과 히브리서 12장 4절 "너희가 죄와 싸우되 아직 피흘리기까지는 대항하지 아니하고"라는 말씀처럼 죄와 치열하게 싸우며 거룩한 삶을 살아야 하는 성화 과정에는 전투적인 긴장이 있음을 알아야 합니다.

이 긴장이야말로 모든 성도가 겪는 지극히 힘든 현실의 원인이지만, 감사하게도 하나님께서는 우리를 이 갈등과 고통 속에 계속 남아 있도록 버려두지 않으십니다. 그래서 성령님을 보내셨고 부활하신 예수님께서 우리 마음 안에 오셔서 내주하고 계십니다.

3. 예수님의 목회 모델: 사랑과 용서, 치유와 회복을 통한 심층적 성화

이러한 긴장과 실패 속에서 거듭 죄를 짓는 제자들을 이끄신 예수님의 목회 방식은 결코 정죄함이나 위협을 주는 방식이 아니었습니다. 계속 죄를 깨닫고 회개하도록 말씀을 주시면서, 끝없는 사랑과 용서, 인내, 그리고 결국 성령님으로 성장과 성화를 이루도록 이끄시는 목회를 하셨습니다.

예수님은 제자들에게 "너희는 내가 일러 준 말로 이미 깨끗하여졌으니"(요 15:3)라고 거듭 말씀하심으로써, 비록 당장 실효가 나타나 보이지 않았어도 진리의 말씀을 통한 회개와 성화를 늘 강조하셨습니다. 세 번이나 공개적으로 부인한 베드로를 찾아가셔서 질책하는 대신 "네가 나를 사랑하느냐"라고 물으시며 절망에 빠진 그를 위로하셨고, 죄로 인해 상한 마음을 치유해 주셨습니다. 또한, 본래의 정체성을 회복시켜 주시며 사도로 다시 세우셨습니다(요 21장).

성화는 예수님의 대제사장적 기도(요 17:17)처럼, 거룩한 말씀과 거룩한 성령님의 역사하시는 은혜로 이루어집니다. 따라서 모든 목회자들은 이런 예수님의 목회를 본받아야 합니다. 물론 이것이 절대 쉽지 않지만, 이 성경적 진리를 부인하거나 푯대를 바꾸지 말아야 합니다. 신자들이 죄를 깨닫고 회개하도록 엄히 권면하는 한편, 죄로 인해 상처받은 마음을 치유하고, 하나님의 칭의에 기반한 확고한 정체성을 갖게 하며, 꾸준히 인내와 말씀과 성령 안에서 성화를 이루도록 이끌어 주어야 합니다(롬 8:1-4).

사도 바울 역시 이와 같은 성화의 사명을 무겁게 감당했습니다. 신자들이 짓는 죄를 엄중히 책망하여 회개로 이끄는 일과 더불어, 그들 안에 그리스도의 형상이 온전히 이루어지도록 해산하는 수고를 마다하지 않았습니다. 그래서 이렇게 고백했습니다.

"나의 자녀들아 너희 속에 그리스도의 형상을 이루기까지 다시 너희를 위하여 해산하는 수고를 하노니 내가 이제라도 너희와 함께 있어 내 언성을 높이려 함은 너희에 대하여 의혹이 있음이라"(갈 4:19-20).

그런데 오늘날, 이러한 사랑과 책망, 치유와 회복의 균형에 기반한 성화 목회론이 신학 교육 현장에서 얼마나 다루어지고 있습니까? 또한, 성공한 목회자 반열에 오른 분들 가운데 사도 바울처럼 해산하는 수고의 의지와 열정을 가진 분들이 얼마나 있는지를 생각하면 안타까움을 금할 수 없습니다.

그러면 이 시대의 가치관은 성경을 따르지 않고도 목회에 성공했다는 평판과 존중을 받는 것이 부끄럽지 않은 것이 되어 버린 것일까요? 그러나 감사하게도, 이런 현실 속에서도 정직과 겸손, 그리고 용기를 갖춘 목사님의 진솔한 고백이 전해지고 있습니다. 지난번에 나눈 것처럼, 홍정길 목사님은 자신의 목회 40여 년을 실패라고 평가하며 미국의 대형 교회를 본보기로 좇았던 과거를 후회하셨습니다. 그분은 "우리는 모르고 여기까지 왔어요. 다음 세대는 속지 않았으면 좋겠어요"라고 하셨습니다.

저도 그랬고 많은 목사님들이 미국의 대형 교회를 따른 목사님들의 목회를 벤치마킹했습니다. 그럼에도 이렇게 정직하고 용기 있는 고백을 하신 것은 한국 교회의 위기를 극복하기 위한 회개를 촉구하는 음성이라고 믿습니다. 저는 이 메시지를 모든 목회자들이 경청하고, 마땅히 회개해야 한다고 믿습니다.

이와 관련하여, 한국의 유명한 대형 교회들이 벤치마킹한 교회로 알려진 시카고의 윌로우크릭 교회의 이야기를 나누려 합니다.

1975년에 빌 하이벨스 목사님이 개척하여 세운 윌로우크릭 교회는, 2004년부터 약 3년에 걸쳐 6,000명의 교인을 대상으로 그들의 영적 성숙도를 알아보는 특별한 조사를 실시했습니다. 그 결과 교회가 제공하는 다양한 프로그램(예배 출석, 봉사, 각종 사역 참여)만으로는 충분한 영적 성장을 이루지 못한다는 충격적인 결과가 발표

되었습니다.

그리고 이 조사에 따르면, 교회에서 영적으로 성숙한 신자들로 알려진 이들의 약 25퍼센트가 자기들이 영적으로 정체되어 있다고 응답했다고 합니다. 그 교회에 오래 다녔고 여러 프로그램에 참여했지만, 하나님과의 더 깊은 교제, 헌신, 제자도로 나아감을 원했으나 교회가 이를 충분히 도와주지 못한다고 느꼈다고 응답한 것입니다.

이는 대형 교회 모델인 구도자 중심형(Seeker-Sensitive) 교회의 실상과 한계를 보여 준 사례로 받아들여집니다. 그 조사 이후 윌로우크릭 교회는 자기반성을 바탕으로 몇 가지 방향 전환을 발표했습니다. 먼저, 단순히 좋은 예배와 다양한 프로그램만으로는 부족함이 많다는 점을 인정했습니다. 그리고 성도들이 '스스로 말씀을 먹고 자라는 신자'(self-feeder)가 되도록 돕는 제자 훈련이 필요하다는 결론을 내렸습니다.

하지만 이러한 제자 훈련은 꼭 대형 교회여야만 잘할 수 있는 사역이 아닙니다. 담임 목사님이 깊은 통찰을 가지고 결단한다면, 작은 교회들도 충분히 잘할 수 있습니다.

그리고 매우 과감하고 정직한 보고서를 내놓았음에도 불구하고, 그 교회가 자신들의 근본적인 문제가 성화의 부재임을 인지하지 못한 점이 안타깝습니다. 그래서 홍 목사님께서 허상을 좇고 목표 설정을 잘못했다고 지적하신 것이 아닌가 싶습니다.

안타깝게도 그 교회를 개척해서 세계적인 교회로 이끈 담임목사님이, 단순한 오해가 아니라 신빙성 있는 여러 명의 일관된 고소로 인해 독립적인 조사위원회에서 '신빙성 있는 부적절한 행위'라고 평가된 여러 건의 심각한 일탈이 발생했습니다. 그 결과, 담임목사님은 물론 함께 사역하던 후임 목사님과 장로님 대부분이 동시에 사임하는 일이 일어났습니다. 참으로 안타깝고 인정하기 어려운 일이지만, 이러한 사건 역시 성화의 오랜 부재로 인한 일탈이 아닌가 생각됩니다.

4. 성경이 알게 하는 성화의 여정: 정체성의 확립과 성령 안에서의 진보

그렇다면 성도 스스로 말씀을 먹고 자라며 성화에 이르게 하는 사역을 위한 핵심은 무엇일까요? 칭의의 확신을 바탕으로 한 정체성을 갖고, 성화의 4단계를 따르며, 자력주의를 포기하고, 성화의 주체와 동력이 전환되게 해야 합니다.

1) 칭의의 은총에 기반한 확고한 정체성(성화의 기초)

(1) 성화의 첫 단계: 칭의와 거듭남

성화의 여정은 예수 그리스도를 믿을 때 하나님께서 의롭다고 선언하시는 '칭의'(Justification)와 성령으로 새 생명을 주시는 '중생'(Regeneration)이라는 단회적인 기초 위에서 시작됩니다. 이 기초가 없이는 다음 단계는 불가능합니다.

(2) 옛 사람이 죽은 것으로 여김

혹 죄의 유혹에 넘어질지라도, 회개하고 말씀에 근거하여(롬 6:11) '옛 사람은 이미 죽었고, 자신을 죄에 대하여는 죽은 자요 하나님께 대하여는 산 자'로서 칭의를 받은 신자의 정체성을 확고히 여겨야 합니다. 그런 다음에 옛 사람의 잔재와 죄성의 문제를 다루어야 합니다.

2) 이어지는 성화의 나머지 단계들

우리는 성령님의 은혜와 신자의 반응적인 순종이 결합된 점진적인 성화의 네 단계가 있음을 살펴보고자 합니다.

(1) 성화의 제2단계: 초기적 성화

말씀 읽기, 기도, 예배 등 보편적인 '은혜의 방편'을 행하며 영적으로 성장하고 성화의 여정을 걸어가는 시기입니다.

그러면서 자력적인 노력만으로는 죄성과 옛 사람의 잔재를 처리하지 못하기 때문에 언젠가 영적 성장이 정체되는 시기를 만나게 됩니다.

(2) 성화의 제3단계: 심층적 성화 – 마음 밭 기경(내적 치유를 통한 돌파)

신자가 말씀을 잘 알지 못하여 짓고 회개하지 않은 죄들, 그로 인한 마음의 상처, 그 상처로 인해 일깨워지는 어린 시절의 아픔, 이미 죽은 옛 사람에게 이전에 길들여진 악한 습성, 옛 사람의 잔재들과 쓴 뿌리 등으로 성장이 멈추고 성화가 중단될 때, 성령의 일하심으로 마음을 기경하는 내적 치유 과정을 거쳐야 합니다. 다른 말로, 예수님의 씨 뿌리는 비유에 마음 밭을 기경하는 특별한 은총을 받아야 합니다.

내적 치유를 받아 속사람이 치유되면, 온유하고 깨끗한 마음(약 1:21)으로 말씀을 받아들이고, 그리스도의 형상을 바라보게 됩니다

(고후 3:18). 다만, '내적 치유'가 성화의 최종 목적이 아니며, 윤리적인 책임감을 회피하는 수단이 되어서는 절대 안 됩니다.

(3) 성화의 제4단계: 성숙한 성화 – 자력주의 파산과 주체와 동력의 전환

자력주의 파산과 주체와 동력이 전환됩니다. 성화의 여정은 '결국 자신의 힘으로는 죄의 잔재를 이길 수 없다는 절망'(롬 7:24)에 도달하게 되며, 곧이어서 자력주의를 완전히 파산하고 삶의 모든 주도권을 성령님께 온전히 위탁하는 전환 단계로 나아갑니다.

3) 사도들의 실례를 통한 성화 단계의 실제 적용

앞서 다룬 것처럼, 예수님의 가장 가까운 제자들이 겪었던 실제적인 변화 사례를 통해 성화 4단계를 이해할 수 있습니다.

(1) 성화의 1단계, 칭의와 거듭남(성화의 기초)

사도들의 성화의 여정은 안드레, 베드로, 요한 등이 예수님을 메시아로 믿고 따르기 시작했던 '최초의 부르심'(요한복음 1장)에서 시작되며, 여기서 칭의의 기초가 놓였습니다.

(2) 성화의 2단계: 초기적 성화(자력적 노력의 한계 경험)

이 단계는 제자들이 예수님을 따라다니며 말씀을 듣고 배우면서 성장했던 시기입니다. 말씀, 기도, 예배, 교제를 하면서 성장하는 시기이며, 자력적인 노력에 의존하여 성장합니다. 예수님의 제자들은 은혜의 방편을 잘 수행했지만, 여전히 누가 크냐라며 다투

거나 세상 권력 편에 서서 스승을 배반하는 등(눅 22:24) 자력주의의 한계를 명확하게 드러냈습니다.

(3) 성화의 3단계: 심층적 성화(내적 치유를 통한 돌파)

마음 밭의 걸림(상처, 옛 사람의 잔재들)을 제거하여 깨끗한 마음으로 순종하는 과정입니다. 부활하신 예수님께서 베드로를 찾아가셔서(요한복음 21장의 베드로 회복), 배신의 심각한 죄를 회개하게 하시고, 죄로 인한 깊은 마음의 상처를 치유하셨으며, 정체성을 회복하셨습니다. 우리가 말하는 내적 치유를 베푸신 것입니다.

(4) 성화의 4단계: 성숙한 성화(주체 전환)

'오호라 나는 곤고한 사람이다'라는 절망에 빠진 제자들에게 오순절 성령 강림(사도행전 2장)으로 성령이 임하였습니다. 이후로 제자들은 삶의 주도권을 성령님께 드려서 모든 두려움과 세상 욕망에서 벗어나 담대하게 복음을 증거하고(행 4:13), 내적으로 성령의 열매를 맺는 성화의 큰 진보를 이루었습니다.

4) 성화의 부르심을 외면함으로 초래된 위기: 모래 위의 집

변화된 사도들의 삶은 성화의 4단계가 실효성이 있음을 입증하며, 우리의 성화가 성령의 주도로 완성된다는 강력한 성경적 증거입니다. 사도들은 성화(인격)와 사역(은사)을 균형 있게 추구하며 주님이 명하신 사명을 행했습니다.

그러나 오늘날 우리 개인들과 신앙 공동체의 모습은 어떻습니까? 많은 신자 개인과 교회 공동체가 하나님의 가장 중요한 명령인

'성화와 거룩'을 외면하고, 외적인 은사와 사역의 성과, 성취에 헌신하는 모순에 빠져 있습니다. 이는 사실상, 모래 위에 신앙의 집을 짓는 위험천만한 모습입니다. 예수님은 분명히 경고하셨습니다.

> **"나더러 주여 주여 하는 자마다 다 천국에 들어갈 것이 아니요…"**(마 7:21).

예수님은 먼저 마음의 깊은 곳에 있는 죄악과 옛 사람의 잔재들을 파내고(성화의 여정을 가면서), 들은 말씀대로 '행하라'(사역하라) 하고 분부하셨습니다.

> **"너희는 나를 불러 주여 주여 하면서도 어찌하여 내가 말하는 것을 행하지 아니하느냐 내게 나아와 내 말을 듣고 행하는 자마다 누구와 같은 것을 너희에게 보이리라 집을 짓되 깊이 파고 주추를 반석 위에 놓은 사람과 같으니 큰 물이 나서 탁류가 그 집에 부딪치되 잘 지었기 때문에 능히 요동하지 못하게 하였거니와 듣고 행하지 아니하는 자는 주추 없이 흙 위에 집 지은 사람과 같으니 탁류가 부딪치매 집이 곧 무너져 파괴됨이 심하니라 하시니라"**(눅 6:46-49).

그런데 오늘날 열심히 신앙생활을 하는 많은 신자들이 성화를 부담스러운 것으로 여기거나 제대로 배우지 못한 성화의 명령을 외면하고, 성화라는 신앙의 기초 공사를 건너뛰고 있습니다. 그 결과, 사람들이 보기에는 아름답고 규모가 클지 모르나 하나님 보시기에는 곧 무너질 집을 짓는 데 골몰했고, 결국 오늘날과 같은 영적 위기를 스스로 초래했습니다.

오늘날 교회가 겪는 깊은 위기는 사실 오랫동안 성화를 외면하고 외적인 성장과 사역의 확장, 그리고 기복주의와 성공주의에 치우쳤기 때문에 닥친 피할 수 없는 심판적 결과입니다. 그러므로 우리는 은사와 사역, 교회 성장 이전에 하나님의 가장 중요한 명령, 즉 성화와 거룩에 순종하여 반석 위에 사역과 교회 공동체라는 집의 기초를 놓아야 합니다.

이제라도 '우선적 부르심'(성화)과 '차선적 부르심'(사역) 우선순위를 바로잡고, 입술로만 '주여, 주여' 할 것이 아니라 주님의 말씀을 행하는 진정한 제자로 바로 서야 합니다. 그렇지 않으면 언젠가 주님께서 "내가 너희를 도무지 알지 못하니 불법을 행하는 자들아 내게서 떠나가라"(마 7:23)고 선언하실 비극적인 심판에 처할 수 있습니다.

동시에 우리는 성화 없는 사역만큼이나 '외식적인 거룩'의 위험도 경계해야 합니다. 내적인 변화를 외면하고 외적인 종교 행위나 규율을 자랑하며 사람들을 멸시했던 바리새인들에 대한 주님의 진노를 잊지 말아야 합니다. 이들의 외식(外飾) 역시 주님께서 가장 엄히 경고하신 또 다른 형태의 '불법'이었습니다.

그러므로 오늘날, 강단에서 항상 '말씀'을 강조하지만, 정작 예수님을 성품으로나 사역적으로 본받지 않는 사역자들은 위선에 빠지지 않도록 크게 회개하고 성화에 힘써야 합니다. 먼저 하나님의 가장 중요한 말씀인 성화의 부르심에 순종하면서, 차선으로 각자의 은사와 부르심을 따라 사역해야 합니다. 이제라도 교회는 우선적 부르심(성화)과 차선적 부르심(사역)의 우선순위를 하나님 앞에서 바로 잡아야 합니다.

5) 성화의 주체 및 동력 전환

결국 성화는 신자의 헌신이 필요하나 신자의 능력과 노력으로 완성되는 것이 아닙니다.

(1) 주체의 전환

성화의 주체가 '나'에게서 '성령님'과 '우리 안에 계시는 그리스도'께로 전환되어야 합니다. 성령님은 우리 안에서 그리스도의 형상을 이루도록 이끄시며, 그리스도는 우리 안에서 성령을 통해 계속해서 우리를 변화시키십니다.

사실 이 여정은 예수님을 영접하고 칭의를 받은 그 순간부터 시작된 과정입니다. 그러나 우리 안에는 여전히 '아담의 기질'이 남아있어, 자신이 삶을 통제하려는 욕망이 성령의 소욕과 자주 충돌합니다. 이로 인해 성령의 인도에 순종하면서 동시에 옛 사람의 기질이 죽어 가고, 그 과정 속에서 성화가 이루어집니다.

결국 우리는 하나님께 온전히 항복하고(SURRENDER), 우리 안에 계시는 그리스도와 우리 안에서 일하시는 성령님께 우리의 삶을 온전히 맡겨야 합니다(갈 2:20; 빌 2:13). 주체가 전환된 신자의 특징은 범사에 감사하며, 끊임없이 화살 기도 하는 삶을 통해 주님의 인도와 능력, 지혜를 구하고 하나님께 영광을 돌리는 것입니다

생각해 보면, 하나님의 본체(빌 2:6)이신 주님은 공생애 동안 항상 하나님의 음성을 듣고, 아버지께서 하시는 일을 보고 하셨습니다. 성화의 여정에서 주체가 전환된 신자로 살아가는 모습은 바로 이와 같아지는 모습입니다.

(2) 동력의 전환

성화의 동력은 율법적 책무나 강박에서 나오는 것이 아닙니다. 성화의 진정한 동력은 구원의 기쁨, 하나님에 대한 사랑, 그리고 내주하시는 그리스도의 임재로 인한 감격에서 비롯되어야 합니다(느 8:10; 히 12:2).

성화의 능력은 죄를 이기려는 우리의 노력과 능력에서 나오는 것이 아니라, 하나님이 주시는 구원의 감격과 거듭되는 용서와 회복, 내주하시는 그리스도의 사랑에서 비롯됩니다. 성화는 '내가 노력해서 해내야 한다'란 율법적인 강박에서 나오는 것이 아닙니다. 오히려 '하나님이 나의 최고의 기쁨과 만족이시다'라는 확신과 구원의 감격에서 비롯되는 자발적이고 기쁨에 찬 순종의 여정입니다.

결론을 맺습니다.

여러분, 성화가 윤리적으로 더 높은 수준에 이르는 것이 아니라, 평생에 걸쳐 죄와 싸우며 예수님의 성품을 더욱 깊이 닮아 가야 하는 역동적인 현실 과정임을 살펴보았습니다.

우리는 사도로 세워진 후에도 여전히 죄와 육신의 습성에 굴복했던 베드로 등의 사례를 통해, 거듭난 신자 안에 죄성과 육신의 소욕이 여전히 남아 있음을 깨달았습니다. 그러나 우리는 성경이 알게 하는 이 현실적인 한계 앞에서 결코 좌절해서는 안 됩니다. 이는 성경이, 비록 완전에 이르지는 못했지만 육체와 죄의 현실을 이기고 끊임없이 예수님을 닮아간 사도들의 모습을 우리에게 보여주기 때문입니다.

우리의 힘은 우리의 노력에 있지 않고, 오직 칭의의 은총에서 나옵니다. 곧, "그리스도 예수 안에 있는 자에게는 결코 정죄함이 없나니"(롬 8:1)라는 선언과, '우리를 하나님의 사랑에서 끊을 것이 아무것도 없다'(롬 8:38-39)라는 확고한 진리에 있습니다.

복음서는 사도들이 성화의 4단계를 따라서 성장한 것을 알게 합니다. 그들은 은혜의 방편을 행했지만, 종종 서로 다투고 시기하고 분노함으로 내면에 죄의 세력과 옛 사람의 잔재가 남아 있음을 보여 줍니다. 그럼에도 주님은 그들을 내치지 않으시고, 말씀과 사랑과 인내로 내적 치유의 심층적 성화(3단계)를 거치게 하셨습니다. 그리고 배신과 자기 능력의 한계라는 절망을 통과하여 주체의 전환이 임박했던 그들에게 성령 강림의 은총을 베푸셔서 완전한 성숙한 성화(4단계)의 승리를 이루게 하셨듯이, 오늘 우리에게도 동일한 은혜와 성화의 길이 열려 있으며, 주님은 우리를 지금도 그 길로 부르고 계십니다.

그러므로 성화의 여정에서 만나는 깊은 좌절과 정체는 신앙의 실패가 아닙니다. 오히려 하나님께서 우리를 더 깊은 순종과 은혜로 이끄시는 성경적 신호입니다. 이 신호의 핵심은 "오호라 나는 곤고한 사람이로다"(롬 7:24)라는 절망적 인식을 통해 자력주의를 포기하고, 성화의 주체를 연약한 '나'에게서 내주하시는 그리스도와 성령님께 온전히 전환하는 것입니다. 성화의 동력 역시 의무감이나 율법적 책무가 아닌, 하나님을 가장 큰 즐거움으로 삼는 기쁨의 동력으로 전환되어야 합니다.

그러므로 성화에 관한 한, 우리의 초점은 우리의 실패나 죄에 머물러서는 안 됩니다. 우리의 초점은 이미 칭의를 받은 하나님의 자녀라는 확고한 정체성 위에 서서, 말씀과 성령을 따르며 깨닫는 죄를 즉시 회개함으로써 죄와 옛 사람의 세력을 점진적으로 약화시키는 구체적인 실천에 있어야 합니다.

이 성화의 여정을 위한 우리의 자세는 다음과 같습니다.

① 정체성 확립: 죄인이며 원수이던 우리를 위해 독생자를 주신 사랑의 하나님께서 은혜로 의롭다고 선언하신 '칭의의 진리' 위에 굳건히 서서, 비록 죄를 지을지라도 포기하지 않고, 성경적 정체성을 잃지 않습니다.

② 자아와 죄의 인정: 우리 안에 여전히 죄성과 옛 사람의 습성, 잔재들이 있음을 사실대로 시인합니다.

③ 관계적 치유: 아직 회개하지 않은 죄를 회개하고, 아직 용서하지 못한 이들을 용서합니다. 말씀대로 죄의 병이 낫도록 서로 고백하며 함께 기도합니다(약 5:16).

④ 내적 치유: 죄와 상처로 인해 상한 마음과 돌같이 굳어진 마음을 주님께서 고쳐 주시도록 간절히 기도합니다(사 61:1; 겔 36:26).

⑤ 주체적 순종: 예수님이 지금의 나라면 어떻게 생각하시고, 보시고, 어떤 말씀을 하시며, 어떤 행동을 하실지를 마음의 기도로 끊임없이 구하며 따라서 행해야 합니다.

⑥ 감격과 기쁨: 연약하고 추악한 우리를 위해 그 아들을 주실 만큼 사랑하시고, 그 아들의 형상을 닮은 거룩하고 영광스런 성화로 이끄시는 하나님의 은총으로 인해 감사하고 즐거워해야 합니다.

그리고 이제부터라도 교회의 지도자들과 모든 성도는 성화(우선적 부르심)를 외면하고 사역(차선적 부르심)에만 골몰하여 모래 위에 집을 짓는 위험한 신앙을 버려야 합니다.

하나님은 우리의 열매와 성취 이전에 우리가 그분께 속한 거룩한 자녀가 되는 것을 가장 원하십니다. 오직 이 길, 즉 성령의 능력과 말씀 안에서 성화되는 길만이 교회를 내적으로 부흥시키고, 신자들에게 영적 생명력을 회복시키는 유일한 반석입니다.

주님 오시는 그날까지 이 영광스러운 성화의 여정에서 칭의의 확신과 구원의 기쁨으로 힘써 전진하여, 마침내 그리스도의 형상을 더 닮아 천국에서 거룩한 상급을 받는 우리 모두가 되기를 축원합니다.

영혼의 집을 짓는 성경적 원리

24그러므로 누구든지 나의 이 말을 듣고 행하는 자는 그 집을 반석
위에 지은 지혜로운 사람 같으리니 25비가 내리고 창수가 나고 바람
이 불어 그 집에 부딪치되 무너지지 아니하나니 이는 주추를 반석 위
에 놓은 까닭이요 26나의 이 말을 듣고 행하지 아니하는 자는 그 집
을 모래 위에 지은 어리석은 사람 같으리니 27비가 내리고 창수가 나
고 바람이 불어 그 집에 부딪치매 무너져 그 무너짐이 심하니라(마
7:24-27).

본문은 산상수훈의 대단원이자, 우리에게 주시는 예수님의 엄중한 도전입니다. 예수님께선 우리가 각자의 '영혼의 집'을 짓는 건축가라고 비유하십니다. 그런데 바로 여기서 우리는 복음의 놀라운 신비를 발견합니다. 그것은 하나님께서 우리 혼자 '영혼의 집'을 짓게 하지 않으신다는 것입니다.

성경은 우리가 '하나님의 작품(masterpiece)'(엡 2:10)이라고 선언합니다. 그렇습니다. 우리는 건축가이지만, 우리 인생이라는 집은 만물의 창조자, 소유자, 설계자이신 삼위일체 하나님과 함께 짓는 영

광스러운 공동 작품입니다. 하나님께선 우리를 이미 그리스도 안에서 새롭게 지으셨고, 우리가 예수님의 말씀과 성령님의 이끄심을 따라서 영혼의 집을 아름답고 튼튼하며 거룩하게 세우기를 원하십니다. 이것이 바로 우리가 요즘 배우고 있는 '성화'의 신비입니다.

성화란, 하나님의 말씀과 성령의 역사하심으로 우리 영혼의 집을 날마다 더 거룩하고 강건하게 지어가는 과정입니다.

오늘은 '영혼의 집'에 대한 중요한 질문의 답을 함께 찾아보려고 합니다.

첫째, 우리는 왜 이 영혼의 집을 잘 지어야 하는가?

둘째, 이 집을 짓는데 있어서 가장 중요한 자재는 무엇인가?

셋째, 어떻게 해야 이 집을 거룩하게 지을 수 있는가?

끝으로, 잘 지어진 집은 궁극적으로 누구를 위한 것인가?

이 질문들을 마음에 품고, 말씀 안에서 각자가 '영혼의 집'을 잘 짓는 지혜를 발견하는 복된 시간이 되기를 원합니다.

1. 왜 신앙의 집을 지어야 하는가?(Why)

우리가 사는 집이나 아파트는 단순한 거처가 아니라, 우리의 삶을 살아가는 데 매우 중요한 공간입니다. 가족과 함께 안전하고 건강하게 살며, 안식과 쉼을 얻기 위한 공간입니다. 건축물인 집이 안전하고 안락해야 몸과 마음이 쉼을 얻듯이, 영혼의 집이 견고해야 우리가 믿음과 사랑, 소망 안에서 건강하고 성장할 수 있습니다.

그래서 예수님은 우리에게 평생 안전하고 아름다운 '영혼의 집'을 짓는 건축가로 비유하신 것입니다. 하나님께서 은혜로 주신 놀라운 사랑과 구원을 간직하고 그 안에서 자라나고 또 그것을 나누기 위해서입니다.

하나님의 사랑과 구원은 우리의 자격이나 공로가 아니라 전적인 하나님의 은혜로 주어졌습니다. 다음 말씀은 이 진리를 거듭 증거합니다.

> **"하나님이 세상을 이처럼 사랑하사 독생자를 주셨으니 이는 그를 믿는 자마다 멸망하지 않고 영생을 얻게 하려 하심이라"**(요 3:16).

> **"긍휼이 풍성하신 하나님이 우리를 사랑하신 그 큰 사랑을 인하여 허물로 죽은 우리를 그리스도와 함께 살리셨고** (너희는 은혜로 구원을 받은 것이라)**…너희는 그 은혜에 의하여 믿음으로 말미암아 구원을 받았으니 이것은 너희에게서 난 것이 아니요 하나님의 선물이라"**(엡 2:4-5, 8).

탕자의 비유를 보면, 아버지에게 거역하고 집을 나가서 허랑방탕하게 살다가 거지가 된 아들이 돌아오는 것을 보고 뛰어 달려간 이는 바로 그의 아버지였습니다. 아들의 친구나, 아버지 집의 하인 중에서 어느 누가 달려 나간 것이 아닙니다. 이것이 바로 하나님 아버지의 사랑입니다.

하나님은 우리의 죄를 다 아시지만, 우리가 예수 그리스도 안에 있으므로 항상 용서하십니다. 하나님은 우리의 연약이 무엇인지도 다 아시지만, 우리를 아들, 딸 삼으시고 사랑하십니다.

그렇다면 우리는 왜 이 집을 잘 지어야 할까요? 그것은 우리가 받은 선물이 너무나 귀하기 때문입니다. 하나님이 아들을 내어 주시기까지 우리를 사랑하셔서 베푸신 구원은, 세상 무엇과도 바꿀 수 없는 보물입니다. 소중한 것일수록 안전한 곳에 정성껏 보관하듯, 우리는 이 놀라운 사랑과 구원을 지키고, 누리고, 자라가게 하기 위해 견고한 영혼의 집을 지어야 합니다. 이것은 구원의 조건이 아니라, 구원받은 자의 당연한 반응이며 특권입니다.

2. 무엇으로 신앙의 집을 세워야 하는가?(With What)

어떤 집이든 사용된 자재에 따라 그 가치와 가격, 품격이 크게 달라집니다. 우리의 '영혼의 집'은 사람의 철학이나 세상 지혜로 지을 수 없습니다. 우리가 사용할 완전한 자재들은 다 하나님의 말씀 안에 있습니다.

고린도전서 3장 11절은 "이 닦아 둔 것 외에 능히 다른 터를 닦아 둘 자가 없으니 이 터는 곧 예수 그리스도라"라고 했습니다. 우리 영혼의 집의 유일한 터(ground)는 예수 그리스도의 복음입니다. 이 터 위에 세워진 집만이 흔들리지 않습니다.

제가 초등학교 4학년이었을 때, 아버님이 살던 집의 마당을 나누어서 우리가 살던 집은 팔고, 남은 터 위에 집을 새로 지으셨습니다. 그때 일하는 분들이 집터를 다지기 위해서 크고 넓은 돌을 네 개의 줄로 묶어 네 사람이 들어 올리고 '쿵' 하고 땅에 떨어뜨리는 방법으로 집터를 다지는 걸 본 기억이 있습니다. 지금은 다 장비로 하는데 그때는 그렇게 큰 돌을 갖고 집터를 다졌나 봅니다. 이처럼 복음이라는 단단한 터 위에, 이제 집의 기초를 놓아야 합니다.

그런데 에베소서 2장 20절은 "너희는 사도들과 선지자들의 터 위에 세우심을 입은 자라 그리스도 예수께서 친히 모퉁잇돌이 되셨느니라"라고 선언합니다. 여기서 '사도와 선지자들의 터'란, 단순히 땅을 의미하는 것이 아니라, 복음의 터 위에 놓인 '사도와 선지자의 가르침(신약성경의 진리)'이 교회의 구조를 지탱하는 핵심적인 가르침의 토대, 곧 '말씀의 기초석'임을 강조합니다. 모퉁잇돌(Cornerstone) 이신 예수 그리스도는 기초를 놓을 때 가장 먼저 놓이며, 건물의 방향, 수평, 각도를 결정하는 절대적인 기준점이 되십니다. 아무리 말씀이라는 기초석이 바르게 보여도 모퉁잇돌인 예수님께 정확히 맞추어지지 않으면 집은 반드시 기울어집니다. 이처럼 우리 삶의 모든 기준과 방향은 오직 예수 그리스도께 정렬되어야 합니다. 이렇게 복음의 터 위에 사도적 가르침이라는 '말씀의 기초석'을 놓고, 예수님이라는 모퉁잇돌로 기준을 확립한 뒤에, 우리는 네 개의 튼튼한 기둥을 세울 수 있습니다.

첫째 기둥은 '성경의 절대적 권위'입니다. 모든 판단과 믿음의 기준은 성경이어야 합니다. 그리고 성경이 하나님의 감동으로 된 무오한 진리임을 믿는 믿음이 가장 중요합니다.

둘째 기둥은 삼위일체 하나님에 대한 올바른 이해입니다. 성부, 성자, 성령으로 존재하시는 한 하나님에 대한 바른 이해는 우리가 누구를 예배하고 의지하는지를 명확하게 하는 기둥입니다.

셋째 기둥은 예수 그리스도의 완전한 신성과 인성에 대한 믿음입니다. 예수님이 참 하나님이시며 우리를 위해서 참 인간이 되어 세상에 오셨고, 구원의 유일한 길임을 믿는 믿음은 우리 구원의 본질을 지탱합니다.

넷째 기둥은 오직 믿음으로 의롭다 함을 얻는 칭의의 진리입니다. 우리의 자격과 행위가 아닌 오직 예수 그리스도를 믿음으로 의롭다 함을 얻는다는 이 진리는, 하나님 앞에 담대히 설 수 있는 자격과 확신을 부여하는 은혜의 기둥입니다. 우리의 행위가 아니라 예수 그리스도를 믿음으로 구원받는다는 것이 복음의 핵심입니다.

중요한 네 기둥이 바로 세워지면, 이제 네 기둥에 걸치는 지붕을 얹습니다. 그 지붕은 폭풍과 시련 속에서도 우리를 지키시는 하나님의 신실하신 언약의 지붕입니다.

그리고 지붕의 용마루는 하늘을 향한 소망, 곧 그리스도의 재림을 상징합니다. 용마루는 이 땅과 이 세상이 전부가 아니며 하늘에 영원한 본향이 있음을 기억하게 하고, 우리를 궁극적인 안식으로 이끕니다.

이렇게 우리의 생애가 마쳐지는 그날 또는 주님이 다시 오실 때까지 하늘을 바라보며 믿음으로 우리 영혼의 집을 세워갑니다.

그런데 이렇게 살펴보니 '영혼의 집'을 세우는 데 필요한 것이 다 성경 안에 있습니다. 그래서 우리가 성경 말씀을 잘 알아야 합니다. 말씀을 알고 감사로 필요한 것을 구하면, 모든 것이 하나님에 의해 공급됩니다. 그래서 야고보서 1장 21절은 "그러므로 모든 더러운 것과 넘치는 악을 내버리고 너희 영혼을 능히 구원할 바 마음에 심어진 말씀을 온유함으로 받으라"라고 당부합니다.

3. 집의 내부를 어떻게 꾸밀 것인가(How)

집이 아무리 크고 튼튼하고 아름다워도 내부가 비어 있으면 사람이 살 수 없습니다. 더러운 폐기물로 가득하다면, 아무리 외형이 좋아도 주인이 머물 수 없습니다. 마찬가지로 영혼의 집의 내부는 거룩하게 정돈되어야 합니다. 하나님께서 "내가 거룩하니 너희도 거룩하라"(벧전 1:16)라고 말씀하신 것은, 우리의 내면이 하나님이 거하실 성전이 되어야 함을 뜻합니다. 이 집의 내부를 완성하는 과정이 곧 성화(Sanctification)입니다.

성화는 단순한 도덕적 개선이 아니라, 우리 존재의 소유권을 예수 그리스도께 완전히 드리는 과정입니다. 생각의 방, 감정의 방, 관계의 방, 물질의 방 등 모든 방의 마스터키를 주님께 드려야 합니다.

그런데 이 일은 우리 자신의 결단과 능력으로는 불가능합니다. 그래서 성령님이 오셨습니다. 그분은 우리의 상처와 죄, 왜곡된 부분을 만지시고 정결하게 하십니다. 속사람을 강건하게 하시고 믿음을 주셔서 그리스도께서 우리 마음에 거하심을 알게 하십니다(엡 3:16-17). 우리 안에 그리스도의 형상이 이루어지고(갈 4:19), 우리를 통해 그리스도의 사랑과 복음의 향기가 세상에 전해지게 하십니다.

성령님이 이끄시는 성화의 목표는 더 착한 사람이 되는 것이 아니라, 그리스도께서 내주하시기에 합당한 성전으로 지어지고, 일상의 삶에서 그리스도를 닮아 가는 것입니다.

사도 바울은 "이제는 내가 사는 것이 아니요 오직 내 안에 그리스도께서 사시는 것"(갈 2:20)이라 고백했습니다. 이것이 성화의 본질입니다. 고린도전서 3장 17절은 "하나님의 성전은 거룩하니 너희도 그러하니라"라고 하며 이를 강조합니다.

지금 내 영혼의 집주인은 누구입니까? 혹시 예수님께 현관 옆 작은 손님방 하나만 내어 드리고, 내 삶의 가장 중요한 안방(결정의 방),

서재(생각의 방), 심지어는 은밀한 다락방(숨겨진 죄의 방)은 여전히 내가 주인 노릇을 하고 있지 않습니까? 예수님을 잠시 머무는 손님으로 대접하는 것은, 그분을 왕과 주인으로 모시는 것이 아닙니다.

성화란, 다른 말로, 내 집의 마스터키를 기쁘게 주인께 넘겨드리는 것입니다.

4. 누구를 위해 집을 짓는가(For Whom)

마지막으로, 하나님의 은혜와 구원을 지키고 말씀과 성령님을 따르는 믿음으로 지은 이 집이 과연 무엇을 위해서 사용되어야 하는지를 살펴보겠습니다.

물론 하나님께서는 우리가 가족과 함께 그 집에서 안식과 행복을 누리고 기도하고, 예배드리는 것을 기뻐하십니다. 하지만 바로 그래서, 그 집이 나와 가족만을 위한 공간에 머무르거나 세상과 단절된 이기적인 요새가 되어서는 안 됩니다. 하나님께서 베푸신 사랑과 구원을 지키고 자라기 위해서 지어진 이 집의 가장 중요한 용도는 바로 '하나님의 나라와 그의 의'를 위한 것이 되어야 합니다.

이를 위해 우리의 집에 세상과 연결되고 열린 '문과 창문'이 있어야 합니다. 문은 전도와 섬김의 통로이며, 창문은 복음의 빛을 세상에 비추는 통로입니다. 그러므로 우리의 삶이 세상을 향한 증거와 초대장이 되어야 합니다.

> **"너희는 세상의 빛이라…너희 빛이 사람 앞에 비치게 하여 그들로 너희 착한 행실을 보고 하늘에 계신 너희 아버지께 영광을 돌리게 하라"**(마 5:14-16).

오래전에 들은 이 이야기가 잊히지 않습니다. 지금은 은퇴하신 이동원 목사님의 이야기입니다.

목사님이 유학 가서 처음 얼마 동안 머물렀던 집의 주인이 당시 미국 기독교 실업인협회의 회장님이었던 장로님 댁이었습니다. 공항까지 친히 나오셨는데 평범한 승용차를 타고 오셨습니다. 그러고는 자기를 태워서 집으로 가는데, 목사님은 속으로 엄청 큰 대저택으로 갈 것을 기대했습니다. 그런데 그런 집들을 다 지나가서 아주 평범한 주택으로 갔습니다. 회장님이어서 대저택에 사실 줄 알았는데 의외로 소박한 집이었습니다. 여름이어서 집안이 더웠는데도 그 흔한 에어컨 하나가 없었습니다.

며칠 지나 조심스럽게 여쭤보았습니다.

"장로님, 집에 에어컨이 없네요?"

그랬더니 "사실 기도했는데 응답을 안 주셔서…"라고 답하는 것입니다. 그때 목사님은 너무 놀랐다고 했습니다. 여러 기업의 회장인데도 본인은 그렇게 소박하게 살면서, 많은 나라에서 자선사업을 하고 많은 유학생들을 후원하셨습니다. 그분의 집은 세상 기준으로는 소박했지만, 수많은 영혼을 품는 하나님 나라의 통로였기에, 하나님 보시기에는 세상 어떤 대저택보다 귀한 집이었습니다. 문과 창문이 활짝 열린 집이기 때문입니다.

우리가 그리스도를 위해 살기로 작정할 때, 성령님께서 우리의 생각과 우선순위, 다른 사람들을 대하는 방식들을 점차 바꾸어 주십니다(고후 5:15-17). 예수님 안에서 점진적으로 새로워지는 우리의 삶은 "하나님이 우리를 통하여 너희를 권면하시는 것 같이"(고후 5:20) 예수님을 드러내면서 다른 사람들을 하나님께로 인도하기 위한 것입니다.

아울러 성령님을 힘입으면 어디서나 그리스도를 드러내는 기쁨과 책임을 누리게 됩니다. 성령님은 우리를 거룩하게 하실 뿐 아니라, 땅끝까지 이르러 증인이 될 권능을 주시는 분입니다.

> **"오직 성령이 너희에게 임하시면 너희가 권능을 받고 예루살렘과 온 유대와 사마리아와 땅 끝까지 이르러 내 증인이 되리라 하시니라"**(행 1:8).

하나님은 우리가 그 집 안에서 안식을 누리길 원하시지만, 동시에 그 집을 열어 생명을 나누는 구원의 방주로 쓰이길 원하십니다. "네 이웃을 네 자신같이 사랑하라"(마 22:39)고 하신 계명은, 바로 이 집의 문을 여는 열쇠와 같습니다. 그리고 로마서 12장 1절은 "그러므로 형제들아 내가 하나님의 모든 자비하심으로 너희를 권하노니 너희 몸을 하나님이 기뻐하시는 거룩한 산 제물로 드리라 이는 너희가 드릴 영적 예배니라"라고 분부합니다.

누군가 많은 재정과 노력을 들여서 최고급 레스토랑을 완벽하게 차려 놓고서 문을 닫고 있다면 무슨 소용이 있겠습니까? 우리의 변화된 모습 자체가 세상을 향한 가장 강력하고 멋진 초대장입니다.

오늘 우리는 본문의 말씀처럼 예수님의 음성을 듣고 순종함으로 영혼의 집을 지어야 할 건축가들입니다. 이제 각자 자신의 건축 현장을 점검해 보길 원합니다.

내가 지금 애써 집을 짓는 이유가, 하나님이 은혜로 주신 그 놀라운 사랑과 구원을 간직하고 자라게 하고 또 나누기 위함입니까?

내가 짓고 있는 집터는 예수 그리스도의 복음의 터가 맞습니까? 거기에 모든 것의 기준이 되는 예수 그리스도라는 모퉁잇돌이 놓여 있습니까?

신약 성경에 기록된 사도와 선지자의 기초들이 바르고 단단하게 박혀 있나요? 그 위에 진리의 네 기둥들이 고르게 잘 세워져 있는지요? '성경의 절대적 권위'를 믿는 믿음, 삼위일체 하나님에 대한 바른 믿음, 예수 그리스도의 완전한 신성과 인성에 대한 믿음 그리고 오직 믿음으로 의롭다 함을 얻는 진리의 기둥들이 고르게 서 있는지요?

그 기둥들 위에는 하나님의 신실한 언약의 지붕이 덮여 있고, 천국을 소망하는 용마루가 곧게 솟아 있습니까? 내 집의 내부는 예수님께서 거하시는 거룩한 성전답게 지어지고 있습니까? 그리고 내 집의 문과 창문은 이웃과 세상을 향해 활짝 열려 있습니까?

그런데 어쩌면 이 말씀을 들으며 마음이 아픈 이가 있을 수도 있습니다. "저는 이미 모래 위에 너무 엉터리로, 너무 비뚤게, 너무 많이 지어 버렸습니다." 아니, "제가 태어난 자리는 너무 척박했습니다"라고 말할 수 있습니다.

그러나 여러분, 기억하십시오! 위대한 설계자이신 하나님은 최고의 리모델링 전문가이십니다. 그분은 우리의 무너진 터를 파내고 단단한 자갈로 채우실 수 있으며, 썩거나 부실한 기둥을 뽑고 진리의 기둥으로 교체하실 수 있습니다.

세상은 완성된 결과물만 보지만, 우리 아버지는 먼지 나는 공사 현장에서 땀 흘리는 우리의 작은 분투와 신음 하나하나를 가장 귀하게 보시는 분입니다. 중요한 것은 완벽함이 아니라, 오늘 나의 무너진 공사 현장마저도 기꺼이 그분께 내어 드리는 믿음의 방향입니다. 그분은 우리의 어떤 실패와 연약함도 가장 영광스러운 재료로 바꾸어 사용하시는 최고의 건축가이시기 때문입니다.

우리의 영혼의 집은, 은혜로 시작되어 말씀 위에 세워지고, 성령의 능력으로 완성되며, 세상을 향해 열려 있는 복음과 성화의 집이 되어야 합니다. 그것이 하나님이 기뻐하시는 반석 위에 세운 집이며, 마지막 날의 불 시험을 능히 통과할 견고한 집이요, 우리에게 영원한 상급을 안겨 줄 영광의 집입니다.

그러니 주어진 환경에 지지 말고, 선하시고 전능하신 하나님과 함께 우리 '영혼의 집'을 믿음으로 지어가는 모두가 되기를 주님의 이름으로 축원합니다.

부활하신 주님의 부르심과 주체의 전환

1그 후에 예수께서 디베랴 호수에서 또 제자들에게 자기를 나타내셨
으니 나타내신 일은 이러하니라 2시몬 베드로와 디두모라 하는 도마
와 갈릴리 가나 사람 나다나엘과 세베대의 아들들과 또 다른 제자
둘이 함께 있더니 3시몬 베드로가 나는 물고기 잡으러 가노라 하니
그들이 우리도 함께 가겠다 하고 나가서 배에 올랐으나 그날 밤에 아
무것도 잡지 못하였더니 4날이 새어갈 때에 예수께서 바닷가에 서셨
으나 제자들이 예수이신 줄 알지 못하는지라 5예수께서 이르시되 얘
들아 너희에게 고기가 있느냐 대답하되 없나이다 6이르시되 그물을
배 오른편에 던지라 그리하면 잡으리라 하시니 이에 던졌더니 물고기
가 많아 그물을 들 수 없더라…14이것은 예수께서 죽은 자 가운데서
살아나신 후에 세 번째로 제자들에게 나타나신 것이라 15그들이 조
반 먹은 후에 예수께서 시몬 베드로에게 이르시되 요한의 아들 시몬
아 네가 이 사람들보다 나를 더 사랑하느냐 하시니 이르되 주님 그러
하나이다 내가 주님을 사랑하는 줄 주님께서 아시나이다 이르시되
내 어린 양을 먹이라 하시고 16또 두 번째 이르시되 요한의 아들 시
몬아 네가 나를 사랑하느냐 하시니 이르되 주님 그러하나이다 내가
주님을 사랑하는 줄 주님께서 아시나이다 이르시되 내 양을 치라 하
시고 17세 번째 이르시되 요한의 아들 시몬아 네가 나를 사랑하느냐

하시니 주께서 세 번째 네가 나를 사랑하느냐 하시므로 베드로가 근
심하여 이르되 주님 모든 것을 아시오매 내가 주님을 사랑하는 줄을
주님께서 아시나이다 예수께서 이르시되 내 양을 먹이라 18내가 진
실로 진실로 네게 이르노니 네가 젊어서는 스스로 띠 띠고 원하는 곳
으로 다녔거니와 늙어서는 네 팔을 벌리리니 남이 네게 띠 띠우고 원
하지 아니하는 곳으로 데려가리라 19이 말씀을 하심은 베드로가 어
떠한 죽음으로 하나님께 영광을 돌릴 것을 가리키심이러라 이 말씀
을 하시고 베드로에게 이르시되 나를 따르라 하시니 20베드로가 돌
이켜 예수께서 사랑하시는 그 제자가 따르는 것을 보니 그는 만찬석
에서 예수의 품에 의지하여 주님 주님을 파는 자가 누구오니이까 묻
던 자더라 21이에 베드로가 그를 보고 예수께 여짜오되 주님 이 사람
은 어떻게 되겠사옵나이까 22예수께서 이르시되 내가 올 때까지 그
를 머물게 하고자 할지라도 네게 무슨 상관이냐 너는 나를 따르라 하
시더라(요 21:1-6, 14-22).

오늘 우리는 예수님의 수제자 베드로의 삶에서 가장 처절한 실패와 가장 위대한 회복을 묵상하며, 그 과정을 통해 우리를 온전한 제자로 빚으시는 주님의 놀라운 뜻을 깨닫고자 합니다.

1. 절망의 피난처: 돌아간 '그 배'와 실패한 밤

제가 주님을 알지 못했을 때, 살기 힘들고 낙심될 때 찾아가던 두 곳이 있었습니다. 어릴 적 살던 왕십리 동네를 걷거나, 아버님이

묻혀 계신 망우리 묘지를 찾는 것이었습니다. 그곳에서 잠시 머물면 점차 절망감을 잊고 푸근함을 얻거나, 좌절된 마음을 추스르곤 했습니다.

부활하신 주님은 제자들에게 여러 번, 여러 방도로 갈릴리로 가라고 명하셨습니다(마 28:5-7; 막 16:6-7). 갈릴리는 제자들이 처음 주님을 만난 곳이자, 주님을 모시고 다닐 때의 소중하고 기쁜 기억이 가득한 곳입니다. 주님은 가장 좋은 기억의 장소에서 다시 만나 회복을 시작하시려 했습니다.

그러나 주님의 부활로 인한 기쁨과 감격의 순간이 지난 후, 제자들을 짓누른 것은 엄청난 죄송함과 죄의식이었습니다. 겟세마네, 가야바의 뜰, 골고다…. 그 모든 고난의 순간에 자신들이 주님을 버리고 도망한 파렴치함, 불신앙, 배신. 이 무한히 무거운 후회와 죄의식이 그들을 사로잡았습니다.

하나님 앞에 떳떳하지 못한 죄는 우리를 피하게 만듭니다. 예배를 방해하고, 마음을 닫고 외형적으로만 머물게 합니다.

그때, 베드로는 절망 속에서 과거로 돌아가기로 결심합니다. 요한복음 21장 3절에 "시몬 베드로가 나는 물고기 잡으러 가노라 하니"라고 기록된 것처럼, 그는 더 이상 주님을 따를 염치도, 자신도 없으니 가장 익숙한 과거, 어부의 삶으로 돌아가려 한 것입니다.

더 깊이 묵상할 것이 있습니다. 원문 성경 3절에는 '배'라는 단어 앞에 정관사, 즉 '그 배'라고 되어 있습니다. 이것은 누가복음 5장에 기록된, 베드로가 주님을 처음 깊이 만난 바로 그 배였습니다. "주여, 나는 죄인이로소이다. 나를 떠나소서!"라고 고백하며 경배드렸던 기적과 회심의 배 말입니다. 이제 베드로는 그 배 위에서 신음하듯 다시 말씀드립니다. "주여, 저는 죄인이로소이다. 다시는 찾지 마시고 그냥 이대로 내버려 두소서!"

그들은 어둠이 깊은 호수 한가운데서 밤새도록 그물질했습니다. 그러나 물고기를 단 한 마리도 잡지 못했습니다. 마음은 괴롭고, 몸은 처지고, 추위와 허기는 몸과 마음을 마냥 떨게 합니다. 이것이 바로 자신의 힘과 능력(자력)으로는 아무것도 할 수 없음을 보여주는, 처절한 실패의 경험이었습니다.

2. 제자 양육의 필수 과정: 실패를 통한 '주체 전환'

주님은 베드로가 무너질 것을 미리 아셨습니다. 누가복음 22장 31-32절에서 주님은 경고하면서도 기도하셨습니다.

> "시몬아, 시몬아, 보라 사탄이 너희를 밀 까부르듯 하려고 요구하였으나 그러나 내가 너를 위하여 네 믿음이 떨어지지 않기를 기도하였노니 너는 돌이킨 후에 네 형제를 굳게 하라."

주님은 베드로의 배신과 밤샘 조업의 실패를 막지 않으셨습니다. 오히려 이 실패의 경험까지도 주님의 제자 양육 계획 안에 두셨습니다. 왜냐하면 이것이 바로 성화의 '주체'가 육신의 자아에서 성령께로 '전환'되는 필수적인 과정이었기 때문입니다.

사도 바울이 로마서 7장에서 고백했듯이, 인간은 말씀대로 살고자 전심을 다해도 자력으로는 죄의 유혹과 악에서 벗어날 수 없는 한계를 지닙니다.

> "내가 원하는 바 선은 행하지 아니하고 도리어 원하지 아니하는

바 악을 행하는도다…오호라 나는 곤고한 사람이로다 이 사망 의 몸에서 누가 나를 건져 내랴"(롬 7:19, 24).

이 처절한 자기 무능의 경험, 즉 자신의 열정이나 의지로는 주님을 따를 수도, 배신을 멀리할 수도 없다는 깨달음이야말로 '주체 전환'의 문턱입니다. '내가 주님을 위해 죽겠다!'란 자력의 신앙에서, '나 자신으로는 아무것도 할 수 없습니다. 오직 성령님께 전적으로 의탁합니다'라는 성령 의존의 신앙으로 전환되어야 비로소 하나님이 원하시는 제자가 될 수 있기 때문입니다.

베드로가 밤새도록 물고기 한 마리도 잡지 못했던 그 무능의 경험은, 그가 더 이상 자신의 어부의 경험이나 용기에 의지하지 않고, 오직 주님의 말씀(ῥῆμα, 레마)과 성령의 능력에 의지하여 형제를 세우는 목자가 되게 하는 준비 과정이었습니다.

3. 불꽃 앞에서 재확인된 사명과 부르심

바로 그 절망의 극한적인 순간, 주님께서 호숫가에 극적으로 나타나셨습니다. 주님은 손수 불을 피워 제자들이 언 몸을 녹이게 하시고 허기를 면할 떡과 생선도 마련하셨습니다.

베드로는 다시 한번 바람에 펄럭이는 불을 중간에 두고 주님을 대면했습니다. 그 잊을 수 없는 밤, 대제사장 집 뜰의 불 앞에서 '나는 저 사람을 모른다'고 부인했던 저주스러운 과거의 기억이 그를 덮쳤을 것입니다.

주님은 먼저 몸을 데우게 하시고 허기와 갈증을 면하도록 기다리셨습니다. 그러고서 물으셨습니다. "요한의 아들 시몬아, 네가 이

사람들보다 나를 더 사랑하느냐?" "요한의 아들 시몬아, 네가 나를 사랑하느냐?" "요한의 아들 시몬아, 네가 나를 사랑하느냐?" 세 번 물으셨습니다. 이 질문은 과거의 잘못을 심문하는 것이 아니라, 이제 자력으로 실패했음을 깨달은 베드로에게 '누가 너의 삶의 주체인가?'를 확인하고 사랑으로 그의 상처를 치료하는 회복의 선포였습니다.

베드로의 답변은 이제 겸손한 고백이었습니다.

> **"주님 모든 것을 아시오매 내가 주님을 사랑하는 줄을 주님께서 아시나이다"**(요 21:17).

주님은 그의 사랑을 받아 주시고, 의외로 세 번의 명령을 내리셨습니다. "내 어린 양을 먹이라." "내 양을 치라." "내 양을 먹이라."

1) 부르심 1: 사람 낚는 어부(전도자)로의 소명(레마 말씀에 순종하라)

주님은 제자들을 다시 사람 낚는 어부로 불러 주셨습니다. 이 사명을 감당하는 첫걸음은, 실패를 딛고 부활의 주님께 시선을 고정하는 것입니다.

좌절과 죄의식은 사탄의 고소입니다. 사탄은 실패한 우리 자신에게 우리의 모든 관심을 집중하게 하여 자신감, 기쁨, 복음을 증거할 의욕을 앗아갑니다. 그러나 성령님은 우리의 죄악을 책망하시면서도, 우리가 십자가에 달리신 주님께 시선을 돌리게 하여 회개로 인도하고 용서와 바른 관계를 회복하게 하십니다.

죄로 무너진 나를 위해 달리신 십자가를 바라볼 때, 우리는 그 안에서 하나님의 무조건적인 사랑과 용서, 그리고 부활의 권능을 발견합니다.

"믿음의 주요 또 온전하게 하시는 이인 예수를 바라보자…"(히 12:2).

호숫가에 나타나신 주님께서 "그물을 배 오른편에 던지라"라고 하신 말씀에 순종했을 때, 그들은 밤새 잡지 못했던 물고기를 153 마리나 잡았습니다. 이는 우리에게 주님의 제자들은 언제나 살아 계신 주님의 말씀, 곧 레마 말씀을 듣고 순종해야 사람 낚는 어부의 사명을 감당할 수 있음을 가르쳐 줍니다(요 15:5).

2) 부르심 2: 양을 치는 목자로의 소명(사랑과 긍휼로 섬기라)

베드로는 자신이 그 누구보다 악하고 몹쓸 존재임을 처절하게 깨달은 후에야 비로소 진정한 목자가 되었습니다. 그는 교만한 마음이 아닌 주님의 마음, 긍휼히 여기는 마음으로 연약한 형제들을 보게 되었습니다.

제가 고등학생 때 방학이면 아버지를 따라가서 목장에서 일할 때 양의 습성을 알았습니다. 그 양들이 일본산 자넨종이어서 그랬나(?) 양들은 고집이 세고 이기적이며 싸움을 시작하면 그칠 줄 모릅니다. 목회를 하다 보면 그런 모습들이 되살아납니다. 그럼에도 주님은 당신을 버리고 배신한 그에게 의외의 말씀을 하셨습니다.

"내 어린 양을 먹이라."

이 명령은 먼저 우리 자신이 주님의 사랑과 용서를 받아들이고,

자신을 용서하고 사랑하는 '자애'(自愛)의 단계가 필요함을 말합니다. 자신을 용서하지 못하는 자는 배우자, 가족, 형제, 교인 그리고 이웃을 용서하고 사랑할 수 없습니다.

우리는 주님의 용서와 사랑을 받음으로 자기를 용서하고 사랑하며, 그 힘으로 허물 많은 이웃까지 주님의 사랑으로 사랑하게 됩니다. 누구를 대하든지 주님께서 바로 그 사람을 위해 죽으셨다는 사실과 그에 대한 나의 행동이 곧 주님을 섬기는 것임을 명심합시다.

3) 부르심 3: 십자가를 지는 제자로의 소명(순교적 각오와 기름부음으로)

주님은 베드로의 신임을 재확인하신 후 곧 그의 죽음에 대해 말씀하셨습니다(요 21:18). 왜 하필 이때 죽음을 말씀하셨을까요?

베드로의 배신은 주님에 대한 사랑이 없어서가 아니라, 주님보다 자기 목숨을 더 사랑했기 때문이었습니다(마 26:58, 멀찍이 좇아감). 참으로 주님을 따르려면 순교적 각오, 즉 "자기 십자가를 지고 나를 따르지 않는 자도 능히 내 제자가 되지 못하리라"(눅 14:27)라는 주님의 말씀을 따르겠다는 결단이 있어야 합니다. 우리의 몸을 하나님이 기뻐하시는 거룩한 '산 제사'로 드리는 결단 없이는 유혹 많은 세상에서 주님을 바로 따를 수 없습니다.

더 나아가, 베드로가 진정한 제자가 되기 위해서는 자신의 인격, 결단, 능력을 초월하는 새로운 능력, 곧 '성령의 기름 부음'이 필요했습니다. 주님 자신도 공생애 동안 모든 권능을 사용치 않으시고 오직 기름 부음으로 사역하셨습니다(빌 2:6-8).

"하나님이 나사렛 예수에게 성령과 능력을 기름 붓듯 하셨으매 그가 두루 다니시며 선한 일을 행하시고 마귀에게 눌린 모든 사람을 고치셨으니 이는 하나님이 함께하셨음이라"(행 10:38).

우리 역시 성령의 기름 부음으로 말미암아 모든 것을 배우고, 주님의 일을 할 수 있게 부르심 받았습니다(요일 2:27). 주님은 제자들을 파송하시기 전에 "너희는 위로부터 능력으로 입혀질 때까지 이 성에 머물라"(눅 24:49)라고 하셨습니다.

우리는 성령님께 전적으로 의탁하여 그분의 동역자가 되어야 합니다.

"이 비밀은 너희 안에 계신 그리스도시니 곧 영광의 소망이니라"
(골 1:27).

우리가 성령님의 빛으로 우리 안에서 능력으로 역사하시는 예수님의 역사를 알고 따라서 힘을 다해 수고할 때, 우리는 복음서의 베드로와는 달리 진정한 예수 그리스도의 증인이 될 수 있습니다.

주님을 배신한 제자들이 좌절과 절망 속에 몸부림칠 때, 주님은 그들을 그냥 두지 않고 친히 찾아오셨습니다. 사랑과 말씀으로 용서하고 치료하고 위로하셨으며, 변화시키셔서 다시 부르셨습니다.

혹시 우리 중에 지나간 잘못된 선택, 패배, 실수, 죄악 때문에 여전히 자신을 미워하고 용서하지 못하는 사람이 있습니까? 사탄의 고소에 귀 기울이지 마십시오. 주님은 회개하는 우리를 늘 용서하시고, 여전한 사랑으로 받아 주십니다.

주님께서 지금 이 시간, 우리를 찾아와 부르십니다. 파도 소리처럼 들리는 세상의 유혹과 좌절의 소리 속에서, 주님의 세미한 음성은 우리에게 묻습니다.

"네가 나를 사랑하느냐?"

"네가 나를 사랑하느냐? 사람 낚는 어부가 되되, 레마 말씀을 따라 행하라."

"네가 나를 사랑하느냐? 나를 섬기듯이 나의 교회와 지체들을 사랑으로 섬겨 다오."

"네가 나를 사랑하느냐? 날마다 십자가를 선택하고, 나의 성령의 기름 부으심으로써 살아 있는 나의 증인이 되지 않겠느냐?"

이 모든 질문에 "주여 그리 하겠나이다"라고 대답하며, 베드로처럼 자신의 주체를 성령께 전적으로 전환하여 주님의 영광을 위해 살아가는 참된 제자들이 되시기를 예수 그리스도의 이름으로 축원합니다.

포도주의 표적과 아들의 영광

1사흘째 되던 날 갈릴리 가나에 혼례가 있어 예수의 어머니도 거기
계시고 2예수와 그 제자들도 혼례에 청함을 받았더니 3포도주가 떨
어진지라 예수의 어머니가 예수에게 이르되 저들에게 포도주가 없다
하니 4예수께서 이르시되 여자여 나와 무슨 상관이 있나이까 내 때
가 아직 이르지 아니하였나이다 5그의 어머니가 하인들에게 이르되
너희에게 무슨 말씀을 하시든지 그대로 하라 하니라 6거기에 유대인
의 정결 예식을 따라 두세 통 드는 돌항아리 여섯이 놓였는지라 7예
수께서 그들에게 이르시되 항아리에 물을 채우라 하신즉 아귀까지
채우니 8이제는 떠서 연회장에게 갖다 주라 하시매 갖다 주었더니
9연회장은 물로 된 포도주를 맛보고도 어디서 났는지 알지 못하되
물 떠온 하인들은 알더라 연회장이 신랑을 불러 10말하되 사람마다
먼저 좋은 포도주를 내고 취한 후에 낮은 것을 내거늘 그대는 지금까
지 좋은 포도주를 두었도다 하니라 11예수께서 이 첫 표적을 갈릴리
가나에서 행하여 그의 영광을 나타내시매 제자들이 그를 믿으니라
(요 2:1-11).

오늘 우리가 함께 나눌 본문은 오직 요한복음에서만 찾아볼 수 있는 특별한 기록입니다. 요한복음에는 '니고데모와의 대화', '사마리아 여인과의 대화'처럼 다른 복음서에는 없는 귀한 말씀이 많이 담겨 있습니다.

특히 요한복음은 하나님의 본성, 인류의 구원, 그리스도의 인격과 사역, 그리고 성령님의 사역과 같은 핵심적인 교리를 가장 깊이 있게 다루는 책입니다. 요한복음 1장 1절부터 18절까지의 장엄한 서두는, 예수께서 태초부터 계신 창조주이시며 세상의 구세주로 오셨고, 그 안에 하나님의 영광과 은혜와 진리가 충만하였음을 선포합니다. 이어서 1장 마지막까지는 예수님이 세상 죄를 지고 가는 하나님의 어린양이시며, 성령으로 세례를 주시는 분이요, 하늘과 땅을 잇는 구원의 사다리 즉 참 하나님이시며 참 사람이심을 증거합니다.

이러한 장엄한 선포에 이은, 오늘 본문은 인류 구원의 대역사를 시작하신 주님께서 의외로 평범한 한 시골 마을의 결혼 잔치에서 공생애를 시작하셨음을 보여 줍니다.

주님께서는 인류의 죄를 담당하시기 위해 세례를 받으셨고, 십자가와 부활의 증인이 될 제자들을 부르셨습니다. 그리고 마침내 공생애를 시작하시는 그 중요한 시점에, 주님은 가나의 한 혼인 잔칫집으로 발걸음을 옮기셨습니다. 그리고 포도주가 떨어져 큰 곤경에 빠진 그곳에서 첫 번째 표적(Sign)을 행하셨습니다.

1. 서론적 교훈: 표적의 배경

1) 시기: 사흘째 되던 날

본문 1절은 "사흘째 되던 날"이라고 시작합니다. 요한복음 1장을 보면 '이튿날'이라는 표현이 세 번이나 반복됩니다(29, 35, 43절). 이렇게 날짜를 구체적으로 기록한 데에는 특별한 의도가 있습니다.

세례 요한이 예수님을 증거한 첫째 날, 두 제자가 주님을 따르기 시작한 둘째 날, 나다나엘을 부르신 셋째 날이 지나고, 오늘 본문의 '사흘째 되던 날'이 시작됩니다. 이를 계산해 보면, 이날은 주님께서 공생애를 시작하신 첫 주간의 '여섯째 날'이 됩니다. 본문 11절은 말씀합니다.

> **"예수께서 이 첫 표적을 갈릴리 가나에서 행하여 그의 영광을 나타내시매 제자들이 그를 믿으니라."**

공생애 여섯째 날, 주님은 물을 포도주로 바꾸는 표적을 통해 하나님의 영광을 드러내셨고, 제자들은 그분의 영광을 보고, 그분을 메시아로 믿기 시작하는 결정적인 계기가 되었습니다.

그런데 왜 성령님은 이 날짜를 이토록 중요하게 기록하셨을까요? 창세기와 요한복음이 동일하게 '태초에'라는 말씀으로 시작한다는 점을 주목해야 합니다. 창세기에서 하나님은 여섯째 날에 당신의 형상대로 아담과 하와를 창조하셨습니다. 이는 하나님께서 보시기에, 흙으로 사람을 지으신 첫 창조와 예수 그리스도를 믿음으로 사람이 영적으로 재창조되는 것이 동일하게 중요하다는 사실을 보여 줍니다.

우리는 나 자신이 세상의 수십억 인구 중 한 명, 수많은 그리스도인 중 한 사람일 뿐이라고 생각할지 모릅니다. 그러나 천지를 지으신 하나님은, 우리 한 사람 한 사람이 예수를 믿고 거듭나는 것을 첫 사람 아담의 창조와 동일한 비중으로 여기십니다. 하나님께서 우리 각 사람에게 부여하시는 가치와 중요성이 얼마나 큰지를 알아야 합니다. 주님은 한 영혼이 천하보다 귀하다고 하셨습니다(마 16:26).

하나님은 당신의 자녀 한 사람 한 사람을 아시며, 우리 각자를 향한 그분의 생각은 바다의 모래알같이 많고, 그 모든 생각은 평강이요 소망입니다.

2) 장소: 갈릴리 가나의 혼인 잔칫집

(1) 갈릴리 가나

가나는 '갈대'라는 뜻을 가진, 나사렛에서 서너 시간을 걸어가야 하는 작은 마을이었습니다.

주님은 왜 공생애의 첫 표적을, 당신이 자라나신 나사렛이 아닌 이 작은 마을에서 행하셨을까요? 그곳에서부터 초청을 받으셨기 때문입니다.

하나님은 누구든지, 세상의 기준으로 볼 때 보잘것없는 이들이라도, 당신을 초청하는 것을 기쁘게 받으시고 찾아오십니다. 주님은 바로 그 갈대와 같은, 세상의 눈으로 볼 때 보잘것없는 우리 인생에 찾아오시길 기뻐하십니다. 그분을 초대할 때, 습지와 같던 우리 삶이 변화되어 왕 중의 왕이신 주님을 모신 거룩한 성전이 되게 하십니다.

"누구든지 주의 이름을 부르는 자는 구원을 받으리라"(롬 10:13).

(2) 혼인 잔칫집

창세기 2장에서 하나님은 아담과 하와로 첫 가정을 이루게 하시고 복을 주셨습니다. 영적 재창조를 기록하는 요한복음 2장에서 예수님은 새 가정을 이루는 혼인 잔치에 오셔서 복을 주셨습니다. 이는 주님께서 모든 가정을 축복하시고, 당신을 초청하는 모든 가정에 임하여 함께 거하시기를 기뻐하심을 의미합니다.

또한 이 사건은 다시 오실 메시아께서 장차 열릴 위대한 혼인 잔치에서 그의 신부인 교회, 바로 우리와 함께 영원한 천국의 기쁨을 나누실 것을 미리 보여 주는 예표이기도 합니다.

3) 관습: 포도주가 떨어진 위기

고대 유대인의 결혼 잔치는 일주일간 계속되었습니다. 잔치 도중에 포도주가 떨어진다는 것은 신랑 신부와 그 가정에 큰 수치이자, 잔치를 파국으로 이끌 수 있는 심각한 위기였습니다. 그러나 그 자리에 예수님이 계셨기에, 큰 낭패와 수치를 가져올 상황이 오히려 하나님의 크신 은혜와 영광을 경험하는 놀라운 기회가 되었습니다.

우리 인생에도 즐거움이 있고 기쁨이 있지만, 언젠가는 한계에 부딪히고 부족함을 경험하게 됩니다. 인생의 잔치에서 포도주가 떨어지는 것과 같은 위기의 순간에, 문제의 크기보다 더 중요한 것은 이것입니다. '내 삶의 자리에 예수님이 계시는가?' 그리고 '내가 그분을 진정으로 의지하고 있는가?' 하는 것입니다.

2. 하나님 섬김의 세 가지 영성

오늘 본문은 하나님의 역사가 어떻게 이루어지는지를 보여 줍니다. 하나님은 홀로 일하실 수도 있지만, 당신의 자녀들이 믿음으로 그 역사에 동참하기를 원하십니다.

이 사건 속에서 우리는 하나님을 섬기는 세 가지 대표적인 영적 타입을 발견할 수 있습니다.

1) 하인들: 순종하는 '종의 영성'

예수님은 하인들에게 "항아리에 물을 채우라"라고 명하셨습니다. 손님들은 이미 다 왔고 잔치가 한창인데, 이런 때 정결 예식에 쓰는 돌항아리에 물을 채우는 것은 상식적으로 이해하기 어려운 일이었습니다. 그러나 하인들은 묻지도 따지지도 않고 그 말씀에 순종했습니다.

모든 신앙의 여정은 이처럼 나의 이해와 경험을 넘어서는 하나님의 말씀에 순종하는 '종의 영성'에서 시작됩니다. 아브라함이 이삭을 바치라는 이해할 수 없는 명령에 순종했을 때, 그는 믿음의 조상이 되었습니다.

우리도 때때로 하나님의 말씀이나 영적 권위자의 지시가 이해되지 않기도 합니다. 그러나 그럼에도 순종해야 합니다.

2) 마리아: 예수님의 마음을 아는 '친구의 영성'

마리아는 예수님께 포도주가 떨어졌다고 알렸지만, 예수님의 첫 대답은 마치 거절처럼 들렸습니다. 그럼에도 마리아는 낙심하지 않고, 하인들에게 가서 "무슨 말씀을 하시든지 그대로 하라"며 그들을 준비시켰습니다. 이는 예수님의 마음과 능력을 깊이 신뢰했기 때문입니다.

종의 영성이 '무엇을' 해야 하는지에 집중한다면, 친구의 영성은 '왜' 해야 하는지, 즉 하나님의 마음과 뜻을 헤아리는 깊은 관계로 나아가는 것입니다.

친구는 친구의 마음을 알고, 때로는 부탁하지 않은 일도 기쁨으로 행합니다. 다윗이 하나님의 궤가 휘장 아래 있는 것을 안타까워하며 성전 건축을 자원했을 때(대상 17장), 모세가 금송아지를 만든 백성을 향한 하나님의 진노 앞에서 생명을 걸고 중보했을 때(출 32장), 우리는 하나님의 마음을 아는 '친구의 영성'을 봅니다.

우리 또한 주님의 마음을 알아 그분을 기쁘시게 하기 위해 자원하여 섬기는 자리로 나아가야 합니다.

3) 예수님: 하나님과 하나 된 '아들의 영성'

궁극적으로 우리가 본받아야 할 모습은 바로 예수님이십니다. 주님은 언제나 아버지 하나님과 온전히 하나 되셨습니다. 이는 주께서 모든 일에 있어 아버지의 뜻에 전적으로 복종하셨기 때문입니다. 예수님께서 보여 주신 '아들의 영성'은 철저히 아버지의 음성을 듣고(Hear) 순종하는(Obey) 영성이었습니다.

"내가 아무것도 스스로 할 수 없노라 듣는 대로 심판하노니"(요 5:30).

"내가 내 자의로 말한 것이 아니요 나를 보내신 아버지께서 내가 말할 것과 이를 것을 친히 명령하여 주셨으니"(요 12:49).

우리는 기록된 말씀인 성경을 깊이 묵상함을 통해, 그리고 기도 가운데 말씀하시는 성령의 세미한 음성을 통해 아버지의 뜻을 듣고 따를 수 있습니다. 예언이나 특별한 은사가 없다고 낙심할 필요가 없습니다. 중요한 것은 죄인인 우리를 자녀 삼으시고 지금도 말씀하기 원하시는 하나님의 은혜를 신뢰하는 믿음입니다.

이 '아들의 영성'으로 나아갈 때, 우리는 비로소 하나님의 동역자가 되어 그분의 영광을 나타내는 통로가 될 수 있습니다.

3. 새 포도주의 시대적 의미

물이 포도주로 변한 이 첫 표적은 오늘을 사는 우리와 교회에 더 깊은 시대적 의미를 던져 줍니다.

1) 새 시대의 시작을 알리는 표적

정결 예식에 사용되던 '물'은 구약의 율법과 종교를 상징합니다. '포도주'는 기쁨과 생명, 새 시대를 상징합니다. 그러므로 이 표적은, 예수님의 오심으로 율법의 시대가 가고 은혜의 시대 즉 전혀 새로운 시대가 열렸음을 선포하는 것입니다.

구약 성도의 영광을 손과 발을 씻는 '물'에 비유한다면, 예수 그리스도 안에서 우리가 받은 새 생명과 권세는 잔치의 기쁨을 절정으로 이끄는 '극상품 포도주'와 같습니다. 우리는 이전과는 전혀 다른 차원의 존재가 된 것입니다. 성령으로 거듭나서 하나님에게 입양된 아들과 딸의 영광을 받은 존재입니다.

2) 교회의 변화를 촉구하는 표적

주님은 거의 비어 있던 돌항아리에 새 물을 가득 채우게 하셨습니다. 그리고 그것을 최고의 포도주로 변화시키셨습니다. 이는 이 시대의 교회를 향한 하나님의 꿈을 보여 줍니다.

주님은 과거의 형식과 전통만 남고, 그것마저 상하고 비어 가는 우리 신앙의 항아리에, 생명의 말씀이라는 새 물을 가득 채우라고 명령하십니다. 그리고 우리가 순종할 때, 성령의 능력 안에서 세상을 취하게 할 극상품 포도주, 즉 살아 있는 교회 공동체로 변화시키실 것입니다.

하나님은 이 시대에 성도 개인과 교회의 정체성과 권세를 온전히 회복하기를 원하십니다.

3) 교회의 사명을 보여 주는 표적

이 표적은 마지막 때의 교회가 감당해야 할 사명을 보여 줍니다. 우리 자신이 물이 포도주가 되듯 변화될 뿐 아니라, 세상 속에서 하나님의 살아 계심을 드러내는 표적을 행하며 하나님 나라를 증거하게 될 것입니다. 예수님께서 약속하신 대로(요 14:12), 우리는 성령의 능력으로 그분의 사역을 이어받아 더 넓은 세상에 복음의 능력과 하나님 나라의 영광을 나타내게 될 것입니다.

결론을 맺습니다. 물이 포도주로 변한 이 첫 표적은, 예수님을 만난 인생과 교회가 어떻게 '종의 순종'을 넘어 '친구의 관계'로, 마침내 '아들의 영성'에 참여하며 세상을 변화시키는 존재가 되는지를 보여 주는 위대한 청사진입니다.

우리 인생의 잔치에 주님을 모십시다. 문제가 생겼을 때 주님께 아룁시다. 이해되지 않아도 그분의 말씀에 순종합시다. 주님의 마음을 구하며 자원하여 섬깁시다. 그리고 그 아들 예수님같이 말씀과 성령 안에서 항상 하나님 아버지와 하나로 연합된 상태를 유지하며 순종하는 아들의 영성을 구합시다. 그리하여 우리 각 사람과 우리 교회가 이 시대에 물을 포도주로 바꾸는 하나님의 영광을 드러내는 통로가 되기를 간절히 기도해야 합니다. 부흥을 주시고, 우리 사회 전체를 변화시킬 늦은 비의 은혜를 부어 주시길 기도합시다.

주님이 세우시는 주님의 교회

13예수께서 빌립보 가이사랴 지방에 이르러 제자들에게 물어 이르
시되 사람들이 인자를 누구라 하느냐 14이르되 더러는 세례 요한, 더
러는 엘리야, 어떤 이는 예레미야나 선지자 중의 하나라 하나이다
15이르시되 너희는 나를 누구라 하느냐 16시몬 베드로가 대답하여
이르되 주는 그리스도시요 살아 계신 하나님의 아들이시니이다 17예
수께서 대답하여 이르시되 바요나 시몬아 네가 복이 있도다 이를 네
게 알게 한 이는 혈육이 아니요 하늘에 계신 내 아버지시니라 18또
내가 네게 이르노니 너는 베드로라 내가 이 반석 위에 내 교회를 세
우리니 음부의 권세가 이기지 못하리라(마 16:13-18).

오늘 우리는 믿음으로, 예수님께서 제자들을 데리고 가이사랴 빌립보 지방에 이르렀을 때 있었던 그 현장으로 함께 가 보길 원합니다.

그곳에서 주님은 제자들에게 아주 중요한 질문을 던지셨습니다. “사람들이 인자를 누구라 하느냐?” 그리고 “너희는 나를 누구라 하느냐?” 그때 시몬 베드로가 위대한 신앙 고백을 합니다.

"주는 그리스도시요 살아 계신 하나님의 아들이시니이다"

이 고백을 들으신 주님께서는 너무 기뻐하시며, 역사에 길이 남을 선포를 하십니다.

"너는 베드로라 내가 이 반석 위에 내 교회를 세우리니 음부의 권세가 이기지 못하리라."

그런데 이상하지 않습니까? 이 말씀을 하신 직후, 21절에서 주님은 자신이 곧 십자가에서 죽으시고 부활하실 것을 예언하셨습니다. 곧 떠나가실 분이 어떻게 친히 당신의 교회를 세우겠다고 말씀하신 걸까요?

오늘 우리는 이 말씀 속에 담긴 주님의 원대한 계획과 오늘날의 교회를 향한 주님의 마음을 깊이 묵상하며 은혜를 나누고자 합니다.

1. '신앙 고백'이라는 반석 위에 세워지는 교회

18절 말씀을 다시 보겠습니다.

"너는 베드로라 내가 이 반석 위에 내 교회를 세우리니."

어떤 사람들은 이 구절을 베드로라는 한 개인 위에 교회를 세우셨다는 의미로 해석합니다.

물론 베드로는 위대한 사도이며 교회의 중요한 기둥으로 쓰임 받은 사람입니다. 그러나 주님께서는 처음 베드로를 만나서 '게바'(반석)라는 새 이름을 주셨을 때가 아니라(요 1:42), "주는 그리스도시요 살아 계신 하나님의 아들이시니이다"라는 신앙 고백을 들으신 그때 '내가 이 반석 위에 내 교회를 세우겠다'고 말씀하셨습니다.

우리는 주님이 말씀하신 시점에 주목해야 합니다. 이는 교회가 베드로라는 한 사람의 인격이 아니라, 그의 입을 통해 고백된 '예수가 그리스도'라는 위대한 진리, 신앙 고백 위에 세워진다는 것을 의미합니다. 하나님께서 성령을 통해 계시하신 이 진리를 믿고 고백하는 성도 한 사람 한 사람이 바로 교회이며, 이 진리가 교회 공동체가 세워지는 영원한 반석입니다.

평범한 어부 시몬을 위대한 사도 베드로로 변화시킨 것이 무엇입니까? 그의 지식이나 경험이 아니었습니다. 바로 하늘로부터 임한 계시적 은혜, '예수는 주님이시다'라고 고백하게 하신 성령님의 역사였습니다(고전 12:3).

여러분, 이것이 교회의 시작입니다. 질그릇처럼 연약한 우리 안에 "예수는 나의 구주, 나의 하나님이십니다"라는 진정한 고백이 올라올 때, 주님은 바로 그 고백 위에 당신의 교회를 세우십니다.

그런데 여러분의 마음 안에는 주님의 교회가 세워질 견고한 반석이 있습니까? 우리의 마음 안에 지어지는 성전에, 나의 자아라는 우상이 아니라 오직 주님만이 구주와 왕 되심을 감사하는 고백이 있습니까? 교회가 신앙 고백이라는 반석 위에 세워짐을 기억하고, 우리 안에서 주님을 향한 신앙 고백이 늘 건재하기를 소망합니다.

2. 하나님 나라를 위해 존재하는 교회

그렇다면 주님은 왜 당신의 교회를 세우길 원하실까요? 단순히 구원받은 사람들의 모임을 만드는 것이 목적일까요? 아닙니다. 교회는 바로 '하나님 나라의 확장'이라는 위대한 사명을 위해서 존재합니다.

하나님 나라는 예수님께서 이 땅에 오셔서 처음부터 선포하신 메시지이자(막 1:15), 부활하신 후 40일 동안 제자들에게 가르치신 핵심 주제였습니다(행 1:3). 주님이 선포하신 하나님 나라는 우리가 죽어서 가는 천국을 뜻하지 않습니다. 그것은 현세에 임하는 '하나님의 통치와 다스리심'을 의미합니다. "뜻이 하늘에서 이루어진 것 같이 땅에서도 이루어지이다"라는 주기도문의 고백처럼, 어둠과 사탄의 권세 아래 있던 모든 영역에 하나님의 영광스러운 통치가 임하는 것, 그것이 바로 하나님 나라입니다.

교회는 하나님 나라가 이 땅에 임했음을 보여 주는 모델 하우스이자, 하나님 나라를 확장해 나가는 전초기지입니다. 그러므로 우리가 가정, 직장, 사회 속에서 하나님의 뜻을 이루며 살아갈 때, 세상은 우리를 통해 하나님의 나라를 보게 될 것입니다.

그런데 오늘날 교회의 모습은 어떻습니까? 하나님 나라의 확장을 위해 존재한다기보다, 우리 교회의 성장에 몰두하고 있지는 않습니까?

저는 한동안, 서울 시내에 있는 대형 교회들이, 작은 교회가 많은 서울 외곽 도시까지 교회 버스를 보내서 성도들을 실어 나르는 모습을 보며, 과연 이것이 하나님 나라의 원리에 맞는 것인지 고민한 적이 있었습니다. 세상의 기업(백화점)도 지역 상권 보호를 위해서 하지 않는 일을, 교회가 그렇게 해서는 안 됩니다. 우리 모두 하나님 나라의 가족이며 대사들이기 때문입니다.

3. 당신의 교회를 세우라

그렇다면 승천하신 주님이 어떻게 당신의 교회를 세워 나가려 하셨을까요?

주님은 그 목적을 위해서 성령을 보내셨고, 아울러 교회들에게 당신이 친히 행하셨던 모든 사역을 나누어 수행할 '사람들'을 은사로 보내 주셨습니다. 사도 바울은 에베소서 4장 11-12절에서 그 비밀스러운 경륜을 명확히 보여 줍니다.

> **"그가 어떤 사람은 사도로, 어떤 사람은 선지자로, 어떤 사람은 복음 전하는 자로, 어떤 사람은 목사와 교사로 삼으셨으니 이는 성도를 온전하게 하여 봉사의 일을 하게 하며 그리스도의 몸을 세우려 하심이라."**

본래는 이 모든 사역의 완전한 모델이 주님 한 분의 사역에 다 담겨 있었습니다. 주님은 그 사도로서 시효가 다한 율법적 신앙 체계를 넘어, 하나님 나라의 기초가 되는 교회를 친히 세우셨습니다. 그 선지자로서 기적과 능력으로 하나님 나라의 실재를 보여 주시고, 하나님을 온전히 계시하셨습니다. 그 전도자로서 잃어버린 영혼들에게 복음을 선포하셨습니다. 그 목자로서 사람들을 사랑으로 돌보고 섬기셨습니다. 그 교사로서 하나님 나라의 원리를 가르치고 친히 제자들을 양육하셨습니다.

주님은 당신이 하신 사역을 나눠 주시고 성령 안에서 팀으로 하게 하셨습니다. 그래서 이 다섯 가지 중요한 직무적 기능이 교회 안에서 조화롭게 일어날 때, 당신의 몸 된 교회가 온전히 세워지게 하셨다고 믿습니다.

그런데 오늘날 교회를 돌아보십시오. 목사와 교사의 역할만 강조되고, 사도와 선지자의 기능은 마치 초대교회에만 있었던 유물처럼 여기듯이 성경적 중요성을 간과하고 있습니다.

이것은 매우 중요합니다. 사도적 사역이 회복된다면, 그것은 개교회를 넘어선 하나님 나라의 관점에서 성도들을 온전하게 하여, 세상에 나가서 하나님을 섬기는 거룩한 운동(Movement)에 참여시키는 리더십이어야 합니다. 선지자적 사역은 성도들에게 하나님의 음성을 듣고 분별하며 순종하는 법을 가르치고, 능력 있는 기도와 영적 전쟁 운동을 이끌어 가야 합니다.

이 두 날개가 바로 세워진다면, 교회는 힘차게 전진할 동력을 갖고 세상과 구별된 진정한 교회다운 권위와 거룩을 회복하게 될 것입니다.

여러분, 지난 30년간 한국 교회의 교세가 반 토막 난 이유가 무엇이겠습니까? 저는 감히, 교회가 구원의 현재 진행형인 성화를 형식적으로만 가르치면서 성화되는 법도를 가르치지 않았고, 성경이 말씀하는 은사와 성령님의 음성 듣기를 외면했기 때문이라고 믿습니다. 그래서 오늘날 깊은 위기에 빠진 교회를 새롭게 하기 위해서는 주님이 교회를 세우려고 정하신 방식, 곧 성령의 다스림에 순종하는 5중 사역의 회복을 진지하게 고민하고 용기를 내야 한다고 믿습니다.

돌아보면 오늘날도 교계에는 사도행전의 아볼로처럼 경건하고,

성품이 좋으며, 학식이 많고, 은혜를 끼치는, 존경스러운 지도자들이 많이 계십니다. 그러나 성경이 "내가 그리스도를 본받는 자가 된 것 같이 너희는 나를 본받는 자가 되라"(고전 11:1)라고 말씀했음에도 그리스도의 성품과 사역의 권능을 계승한 사도 바울과 같은 지도자들이 없어서 교회의 생명력, 거룩을 잃게 된 것입니다.

물론, 이 주제를 이야기할 때 우리는 모두 매우 신중하고 지혜로워야 합니다. 오늘날에 필요로 하는 사도와 선지자의 기능과 권위는, 신약 성경의 기초를 놓았던 사도들이나 구약의 선지자들과는 분명히 구분되어야 합니다. 우리는 이것을 분명하게 알아야 합니다.

또한 번영신학이나 권위주의에 기댄 리더십도 결코 아닙니다. 성경의 사도들처럼 복음을 위해 기꺼이 청빈을 감수하고, 온전한 복음을 전함으로 당면할 반발과 거부감, 고난을 감내하는 리더십이어야 합니다.

물론 어떻게 이런 직임자들을 양육하고 세울 것인가에 대해서 우리 모두의 치열한 기도와 성경 연구, 고민이 필요할 것입니다.

하지만 중요한 요점은 이것입니다. 교회에 출석하는 신자의 절반 이상이 신앙의 실체가 없는 명목상 크리스천이거나 '가나안 성도'가 되어버린 현실, 지난 30년간 전체 교인 수가 절반으로 줄어든 이 절박한 위기 앞에서, 더 이상 익숙한 방식만 고집할 수 없다는 것입니다. 우리는 그 해결책을 성경, 말씀의 전체적인 가르침 안에서 찾아야만 합니다.

결론을 맺습니다. 성도 여러분, 주님은 지금도 말씀하십니다.

"내가 내 교회를 세우리라."

이 말씀은 주님의 간절한 소원이자 우리를 향한 약속입니다. 주님이 세우시는 교회는 인간의 지혜, 프로그램으로 세워지는 교회가 아닙니다.

첫째, "주는 그리스도시요 살아 계신 하나님의 아들이시니이다"라는 살아 있는 신앙 고백의 반석 위에 굳게 서는 교회입니다. 둘째, 죄를 멀리하고, 예수님을 닮아 가는 성화와, 주님이 하신 모든 일을 행하기 위해서 성령의 기름 부음을 사모하는 교회입니다. 셋째, 교회 왕국과 교회 성장이 아닌 하나님 나라의 확장을 위해 헌신하며, 성경적 5중 사역을 추구하고, 초대교회의 거룩과 권능을 회복하는 교회입니다.

이것이야말로 주님이 친히 세우시는 교회의 모습입니다. 이런 교회만이 음부의 권세를 이기며, 세상을 변화시키고, 마지막 때 세계 선교의 사명을 감당할 수 있습니다. 라오디게아 교회처럼 주님을 문 밖에 세워 두고 우리끼리 만족하는 교회가 되어서는 안 됩니다.

주님은 오늘날도 당신이 당신의 교회를 세우기 원하십니다. 오늘 우리 자신과 한국 교회를 돌아봅시다. 나는, 우리 교회, 한국 교회는 지금 주님이 친히 세우시는 '주님의 교회'입니까, 아니면 우리가 세우는 '우리의 교회'입니까?

이제 우리가 깊이 회개하며 주님께로 돌아가야 할 때입니다. 우리의 지식과 경험, 익숙한 전통을 내려놓고 살아 있는 신앙 고백을 회복합시다. 하나님 나라의 비전을 품고, 성령님의 다스림을 구하며, 성경적인 교회의 모습을 회복하기 위해 기도합시다. 그리하여 주님께서 한국 교회를 보시고 "너희는 참으로 내가 세우는 내 교회다!"라고 기뻐하며 인정해 주시는 그 영광스러운 은혜가 임하는 날이 오기를 기도합니다.

패배의 시대에서도 지켜야 할 참 기쁨과 평안

10의를 위하여 박해를 받은 자는 복이 있나니 천국이 그들의 것임이
라 11나로 말미암아 너희를 욕하고 박해하고 거짓으로 너희를 거슬
러 모든 악한 말을 할 때에는 너희에게 복이 있나니 12기뻐하고 즐거
워하라 하늘에서 너희의 상이 큼이라 너희 전에 있던 선지자들도 이
같이 박해하였느니라(마 5:10-12).

오늘은 팔복의 마지막 특질이자 복인, 예수님과 의를 위하여 박해를 받더라도 좌절하지 않고 오히려 '기뻐하고 즐거워해야 한다'는 이 놀라운 명령의 의미를 함께 나누기 원합니다.

오늘날 우리는 이전 그 어느 시대를 살았던 신자들보다 더 치열한 문화 전쟁과 영적 전쟁을 생생하게 경험하며 살아가고 있습니다. 우리나라에서도 정치, 사회, 교육, 외교 등 거의 모든 영역에서 마치 살얼음판을 걷는 듯한 이념 갈등이 벌어지고 있습니다. 언론에서는 연일 성경의 가치에 반하는 소식들이 들려오고, 트랜스젠더, 차별금지법 등 때문에 많은 분들이 자녀 세대에 대한 염려로 마음이 무겁습니다.

이런 상황을 지켜보며 교회 안팎에서 “더 이상 이 나라에 희망이 없다”고 탄식하는 소리가 들려옵니다. 저 또한 여러분과 마찬가지로 안타깝고 침통한 마음으로 기도하고 있습니다.

그런데 이런 상황에서, 예수님은 우리에게 너무나도 놀라운 말씀을 주십니다.

> **“나로 말미암아 너희를 욕하고 박해하고 거짓으로 너희를 거슬러 모든 악한 말을 할 때에는 너희에게 복이 있나니 기뻐하고 즐거워하라 하늘에서 너희의 상이 큼이라”**(마 5:11-23).

이 말씀은 로마 제국의 무서운 통치 아래 있던 초대교회 제자들에게 생명과도 같은 말씀이었습니다. 황제 숭배를 거부하여 극심한 핍박과 잔혹한 순교를 당하면서도, 그들이 끝까지 붙잡았던 약속이 바로 이 말씀입니다.

어떻게 그토록 모진 고난과 죽음 앞에서도 무릎을 꿇지 않을 수 있었을까요? 그것은 이 땅에서는 상급 없이 고통만 따를지라도, ‘하늘에서 받을 상이 크다’는 주님의 약속을 굳게 붙잡는 믿음이 있었기 때문입니다.

그렇다면 이 말씀은 오늘을 살아가는 우리에게 어떤 의미가 있겠습니까? 우리가 그토록 기도해 온 영적·문화 전쟁에서 승리를 거두지 못하고, 도저히 용납할 수 없는 법과 제도가 시행되는 무도한 현실을 마주한다 해도, ‘하늘에서 너희의 상이 크므로 기뻐하고 즐거워하라’는 이 언약의 말씀을 믿음으로 받아야 하지 않겠습니까?

그럼에도 불구하고 오늘날 우리 주변에서 이 말씀대로 기뻐하고 즐거워하는 이들을 찾아보기는 참 어렵습니다. 왜 그럴까요? 우리가 간절히 바라는 일들이 이루어지지 않고, 현실은 정반대의 방향으로 흘러가는 것처럼 보이기 때문입니다. 그래서 많이 낙심하고, 다음 세대들이 살아갈 미래를 걱정하며 분노합니다.

전능하신 우리 하나님은 왜 이 의로운 싸움에서 우리가 승리하도록 해주지 않으실까요? 하나님은 지금 무슨 생각을 하고 계시는 걸까요?

물론 하나님은 우리가 이 싸움에서 승리하기를 원하실 것입니다. 그러나 우리가 많은 전투에서 패배를 경험하는 이유는, 어쩌면 하나님께서 그 전투의 승리보다 더 크고 중요하게 보시는 어떤 것이 있기 때문은 아닐까요?

저는 그것이 바로, 이 영적 전쟁을 치르면서 우리도 모르는 사이에 전쟁의 '승리' 그 자체를 하나님보다 더 간절히 추구하는 새로운 우상으로 만들어 버렸기 때문이라고 생각합니다. 만약 우리가 영적 전쟁의 패배 때문에 절망하고 분노한다면, 그것은 우리가 하나님의 약속보다 그 전쟁의 승리를 더 크게 여긴다는 증거가 아니겠습니까? 그래서 하나님께서는 최종적인 패배가 아닌, 부분적인 패배를 허락하심으로 우리의 우상을 깨뜨리시고, 우리의 시선을 다시 '참되고 영원한 상급'이신 예수 그리스도께로 돌이키게 하시는 줄로 믿습니다.

1. 기쁨의 근거가 흔들릴 때 – 영적·문화 전쟁의 승리가 우상이 될 때

1) 예수님의 역설적인 명령: "기뻐하고 즐거워하라"

예수님은 박해와 절망 속에 처할 제자들에게 분명히 명령하셨습니다.

“기뻐하고 즐거워하라.”

그리고 그 이유는 명확합니다.

“하늘에서 너희의 상이 큼이라.”

이 말씀은 우리의 기쁨과 즐거움의 근거가 이 땅의 상황이나 전쟁의 승패가 아니라 오직 예수 그리스도께서 약속하신 하늘의 상에 있어야 함을 보여 줍니다. 우리 마음이 진정 예수 그리스도와 그분의 구원, 그리고 하늘의 상급으로 가득 차 있다면, 우리는 세상의 어떤 상황 속에서도 흔들리지 않는 기쁨을 누릴 수 있다는 것입니다.

2) 우리가 구하는 이 땅의 상급: ‘승리’라는 우상

그런데 왜 오늘날 많은 신자들이 기뻐하지 못할까요? 우리의 시선이 어느덧 예수님이 아닌, 이 땅의 승리와 상급만을 향하고 있기 때문입니다. 우리가 간절히 구하는 이 땅의 상급은 바로 ‘영적·문화 전쟁에서의 승리’입니다. 낙태와 동성결혼을 막는 법이 제정되고, 종교의 자유가 보장되며, 기독교적 가치를 지지하는 정부가 세워지는 것, 물론 이것들은 선하고 의로운 목표이며, 이를 위한 싸움은 마땅히 싸워야 할 싸움입니다.

문제는 이 싸움에 임하는 우리의 마음에 있습니다. 만약 승패에 따라 우리의 기쁨과 평안이 롤러코스터를 탄다면, 그것은 우리가 이미 ‘승리’라는 우상을 만들었다는 강력한 증거입니다.

이러한 우상화의 원리는 국가적·사회적 차원의 전쟁에만 국한되지 않고, 우리 각자의 마음속 가장 깊은 곳에서도 동일하게 작동

합니다. 존 샌드포드 목사님은 이 문제를 개인의 삶에 적용하여 이렇게 설명합니다.

> "혹시 당신의 삶에 대해 낙담하고 있습니까? 하나님은 우리가 낙심하는 그 근본 이유들을 다룰 때까지 때로 낙심을 허용하십니다. 그 낙심의 뿌리에는 종종 '개인적인 영웅주의'라는 우상이 있습니다. '내가 만일 가장 사랑 많은 부모가, 가장 헌신적인 남편이나 아내가, 주님을 위해 가장 뛰어난 사역자가 될 수 있다면…' 하는 생각들입니다.
> 그러나 수년간 몸부림쳐도 그 이상에 도달하지 못할 때 우리는 절망합니다. 좋은 배우자가 되려 애쓰다 이상적인 결혼을 이룰 수 없다는 생각에 희망을 잃었습니까? 영웅주의를 버리십시오. 정말 중요한 질문은 '성공했는가?'가 아니라 '최선을 다했는가?'입니다.
> 예수님은 성전에 영웅적인 거액을 헌금한 부자가 아니라, 자신이 가진 전부였던 두 렙돈을 바친 과부를 칭찬하셨습니다. 당신이 가진 것이 두 렙돈뿐이라 할지라도, 당신의 전부를 주님께 드렸다면, 하나님께는 그것으로 충분합니다. 당신이 자녀 양육의 상처 때문에 헤매면서도 최선을 다했다면, 하나님께서 당신의 자녀들을 책임져 주실 것입니다."

여러분, 하나님은 우리 각자가 가진 지식과 능력을 넘어서는 것을 요구하시는 분이 아닙니다. 다만 우리가 가진 것으로 얼마나 최선을 다했는가, 우리의 중심을 보시는 분입니다.

성경은 '탐심은 곧 우상 숭배'라고 말씀합니다(골 3:5). 우리가 영적 전쟁의 승리를 갈망하는 마음이 하나님을 갈망하는 마음보다 커진다면, 그것 또한 탐심의 우상이 됩니다. 하나님께서 때로 우리의 삶에 패배와 좌절을 허락하시는 것은, 이 우상들을 드러내시고 깨뜨리게 하시려는 은혜의 손길입니다. 그리고 우리로 하여금 다시 '참된 상급이신 예수 그리스도'께 시선을 고정하게 하십니다.

2. 하나님이 패배를 허락하시는 이유 - 성화를 향한 하나님의 부르심

여전히 '왜 하나님은 우리가 패배하도록 내버려 두실까?'라고 질문하며, 이 패배를 '하나님이 우리를 버리셨다'는 증거로 해석하는 사람이 있을지 모릅니다. 그러나 성경은 하나님께서 종종 패배와 고통을 통해 당신의 백성을 정결하게 하시고 믿음 위에 바로 서도록 훈련하신다고 말씀합니다.

1) 외면당한 구원의 현재 시제: 성화

하나님께서 우리에게 패배를 허락하시는 중요한 이유 중 하나는, 오늘날 많은 교회가 '성화'(聖化), 곧 구원을 소홀히 하기 때문이라고 저는 믿습니다. 교회가 개인의 성화를 강조하지 않으면, 성도들의 영적 에너지는 자연스럽게 내면의 죄와 싸우기보다 외부의 적과 싸우는 데에만 쏠리게 됩니다.

성경은 피 흘리기까지 죄와 싸우라고 말씀합니다. 그러므로 우리는 사회악과 부정에 맞서 싸워야 하지만, 그보다 먼저 혹은 최소한 동시에, 우리 안에 있는 죄와 싸워야 합니다. 이것이 바로 로마서 7장과 8장이 보여 주는 성화를 위한 치열한 영적 전투가 아니겠습니까?

내 안의 죄를 다스리며 그리스도를 닮아 가는 헌신 없이, 거대한 사회악과 맞서 싸우는 것이 과연 얼마나 효과적일까요? 이것은 영적 전쟁을 하지 말라는 말이 아닙니다. 성화의 부르심에 먼저 응답하며, 성경적인 마음과 태도를 가지고 싸워야 한다는 것입니다.

2) 패배의 신학: 심판이 아닌 사랑의 징계와 훈련

그러므로 영적 전쟁의 패배는 하나님이 우리를 버리셨다는 증거가 아닙니다. 오히려 우리를 더욱 거룩하게 만드시려는 하나님의 사랑의 징계이자 훈련의 도구입니다. 히브리서 기자는 말합니다.

> **"오직 하나님은 우리의 유익을 위하여 그의 거룩하심에 참여하게 하시느니라"**(히 12:10).

3) 성화의 과제: '쓴 뿌리'의 더럽혀진 안경을 벗어 던지라

성화의 부르심 앞에서 우리가 직면할 가장 큰 과제 중 하나는 바로 '쓴 뿌리'라는 왜곡된 마음의 렌즈를 제거하는 것입니다(히 12:15).

'쓴 뿌리'는 과거의 상처로 인해 모든 것을 비뚤어지게 보게 하는 나쁜 안경과 같습니다. 그런데 이 '쓴 뿌리'가 오늘날 기독교적 가치를 반대하는 이들의 시각에 깊이 끼어들어 있습니다. 그래서 우리가 성경의 진리 때문에 특정 사안을 반대해도, '쓴 뿌리'라는 안경을 낀 이들은 "저들은 우리를 혐오하기 때문에 저러는 거야"라고 말합니다.

더 심각한 문제는, 많은 크리스천들이 상대를 볼 때 똑같이 '쓴 뿌리'의 색안경으로 바라본다는 것입니다. 그들이 우리를 '혐오자'라고 부르는 것에 분노하면서, 정작 우리도 그들을 '제정신이 아닌 미친 자들'이라고 똑같이 정죄합니다. 이것이 바로 성화의 부르심을 외면한 채, 하나님이 주신 검이 아닌 미움과 정죄라는 인간적인 무기로 싸우는 모습입니다.

크리스천이 이렇게 전쟁하면, 그 싸움은 시작부터 이미 패배한 것입니다. 그렇기에 하나님께서는 때로 '패배'라는 쓴 약을 통해, 우리의 시선을 외부의 적에서 우리 내부의 죄 문제로, 즉 성화의 자리로 되돌리시는 것입니다.

우리는 이 전쟁의 본질을 다시 생각해야 합니다.

> **"우리의 씨름은 혈과 육을 상대하는 것이 아니요 통치자들과 권세들과 이 어둠의 세상 주관자들과 하늘에 있는 악의 영들을 상대함이라"**(엡 6:12).

이 말씀에 따르면, 우리와 의견이 다른 사람들은 우리의 궁극적인 적이 아닙니다. 우리의 진짜 적은 그들 뒤에서 분열과 미움을 조장하는 악한 영들입니다.

성화의 열매는 주님의 명령, "원수를 사랑하라"는 말씀을 실천하는 것입니다. 진리를 타협하라는 것이 결코 아닙니다. 악한 사상은 악하다고 분명히 말해야 합니다. 그러나 진리를 굳게 지키면서, 우리는 그리스도의 마음으로 상처 입은 영혼들을 바라보아야 합니다. 그들이 겉으로는 강하고 악해 보여도, 그들 속에는 하나님의 진리를 간절히 찾고 있는 영혼이 있을 수 있습니다.

3. 참된 승리의 회복 - 예수님이 우리의 상급이다

그러므로 영적 전쟁에서 이기면 기뻐하고 지면 절망하는 신앙은 모래 위에 지은 집과 같습니다. 성경이 말하는 참된 평안 '샬롬'은 단순히 전쟁이 없는 상태가 아닙니다. 그것은 모든 것이 온전하게 회복되고 치유되는 것이며, 무엇보다 하나님의 임재 안에서 누리는 충만함 그 자체입니다. 즉, 샬롬은 환경이 아니라 우리와 함께하시는 임마누엘 하나님 자신입니다.

사도 바울에게 참된 승리는, 로마의 문화를 바꾸는 것이 아니라 한 사람이라도 더 예수님을 알게 하는 것이었고, 자기 자신이 날마다 그리스도를 더 깊이 알아가는 것이었습니다. 예레미야 선지자는 나라가 멸망하는 최악의 상황에서도 이렇게 고백했습니다.

> **"여호와는 나의 기업이시니 그러므로 내가 그를 바라리라"**(애 3:24).

이 고백은 우리의 참된 상급과 승리가 전쟁의 결과가 아니라 오직 예수님 자신임을 선포하는 것입니다.

전쟁에서 승리해도 우리 안에 예수님이 없으면 모든 것이 헛됩니다. 반대로 패배해도 우리 안에 예수님이 계시면 그것으로 충분합니다. 참된 승리는 "예수님이면 충분합니다"라는 고백에 이르는 것입니다.

오늘 말씀을 정리하며 우리의 삶에 적용할 몇 가지를 나누고자 합니다.

우상화된 승리를 회개하고 기쁨의 근거를 재조정해야 합니다. 그리스도의 의를 위해 싸우되, 우리의 감사와 기쁨의 근거를 승패에 두지 말아야 합니다. 우리가 핍박을 당해도 즐거워할 이유는 그리스도의 구원과 그분 자신이십니다. 외적인 싸움에 몰두하기에 앞서, 내 안의 죄와 싸우며 그리스도를 닮아 가는 거룩의 여정에 우리 자신을 드려야 합니다.

하나님께서 일시적인 패배를 허락하시는 이유가 우리의 거룩함 때문임을 기억하고, 성화의 부르심에 헌신합시다. 집단적 '쓴 뿌리'를 회개하고 원수를 사랑하는 태도를 실천합시다. 편견을 편견으로 맞서는 것을 멈추고, 상대를 이해하려 노력하며, 우리가 존중받고 싶은 만큼 그들을 존중합시다. 이것이야말로 영적 전쟁의 가장 강력한 무기입니다.

우리는 삶에서 참된 상급이신 예수 그리스도를 선포해야 합니다. 우리의 소망과 즐거움은 정치적 승리가 아니라 우리와 함께하시는 주님의 임재에 있습니다. 모든 것의 우선순위를 예수 그리스도께 둡시다.

그리고 각자의 자리에서 부르심을 감당해야 합니다. 모든 성도가 정치 활동가나 일선의 투사로 부름 받은 것은 아닙니다. 많은 분들이 가정과 직장, 일상의 삶 속에서 이 나라를 위해 기도하고, 자녀를 믿음으로 양육하며, 빛과 소금의 역할을 감당하도록 부름 받았습니다. 그것은 결코 작은 일이 아니며, 하나님 나라를 위한 가장 중요하고 본질적인 섬김입니다.

그러니 지나친 부담감이나 죄책감을 갖지 말고, 각자에게 맡겨진 자리에서 신실하게 주님을 섬기며 기도하는 일에 힘써주시길 바랍니다.

혹시 지금 이 순간에도 필사적으로 문화·영적 전쟁에서 이기려고 애쓰고 있습니까? 어쩌면 그것이 바로 문제의 핵심일 수 있습니다.

이제는 그 승리 이상으로 예수님을 구해야 합니다. 예수님을 먼저 구해야 합니다. 여러분, 우리가 지은 모든 죄를 용서해 주시고, 여전히 죄성이 가득한 우리를 예수 그리스도를 믿는 그 이유 하나만으로 한없이 사랑해 주시는 분이 또 어디 있습니까?

성경은 우리에게 분명히 말씀합니다. 설령 우리가 이 땅의 전쟁에서 패배하여 모든 것을 잃고 큰 핍박에 내몰린다 해도, 예수 그리스도 한 분만으로도 우리는 여전히 기뻐하고 즐거워할 충분한 이유를 가진 자들이라고 말입니다.

이 진리 위에 굳게 서서, 주님께서 우리에게 "평안하냐?"(How is your peace?) 물으실 때, "네, 주님. 주님이 나의 영원한 기업이시니, 주님 한 분만으로 충분하며 완전한 샬롬을 누립니다"라고 고백하는 저와 여러분, 우리 모두가 되기를 주님의 이름으로 간절히 축원합니다.

하나님의 부르심과 우리의 목적

31그러므로 여러분은 먹든지 마시든지, 무슨 일을 하든지, 모든 것을
하나님의 영광을 위하여 하십시오. 32여러분은 유대 사람에게도, 그
리스 사람에게도, 하나님의 교회에도, 걸림돌이 되지 마십시오. 33나
도 모든 일을 모든 사람의 마음에 들게 하려고 애씁니다. 그것은, 나
스스로의 이로움을 구하지 않고, 많은 사람들의 이로움을 구하여, 그
들이 구원을 받게 하려는 것입니다. 1내가 그리스도를 본받는 사람인
것과 같이, 여러분은 나를 본받는 사람이 되십시오(고전 10:31-11:1, 표준
새번역).

본문은 고린도 교회로부터 질문을 받고 사도 바울이 보낸 답신의 일부입니다.

그 당시 고린도 교회에는 몇 가지 논란이 있었습니다. 그중 하나가 이교 신전 제단에서 제물로 썼던 육고기를 먹어도 되는지 아니면 먹지 말아야 하는지에 대한 논란이었습니다. 당시 고린도 도시는 우상 숭배가 매우 성한 곳이어서 시장에서 판매하는 대부분의 육고기가 제물로 사용되었던 것이었습니다.

이에 대해서, 바울 사도는 이렇게 회답했습니다(고전 10:1-30).

"그리스도인은 (죄가 아닌 한) 어떤 것도 두려워하지 말아야 하며, 무엇이든지 할 수 있는 자유가 있다. 그리고 이교의 제단에서 하는 행위가 귀신들과 관계 있는 줄을 안다면 '왜 음식 문제로 나의 자유가 제약을 받아야 하느냐'라고 생각하지 말아야 한다. 그러니 성도들은 말씀을 믿고 어떤 것이라도 기도하고 먹을 수 있다. 그러나 믿음이 있는 본인에게는 문제 되지 않더라도, 믿음이 약하거나 믿지 않는 사람들에게 걸림이 되거나 양심을 더럽힐 수 있는 경우라면 삼가야 한다."

"진리를 알지니 진리가 너희를 자유롭게 하리라"(요 8:32).

"하나님께서 지으신 모든 것이 선하매 감사함으로 받으면 버릴 것이 없나니 하나님의 말씀과 기도로 거룩하여짐이라"(딤전 4:4-5).

그리고 사도 바울은 답신을 전하면서, 이 기회를 통해 매우 중요한 진리와 교훈을 전했습니다. 그것은 성도가 자신이 누구이며, 하나님께서 자신을 어떤 존재로 부르셨는지를 안다면 그런 정도의 문제들은 어렵지 않게 스스로 알 수 있게 된다는 것입니다.

우리도 그리스도 안에서 내가 누구이며(정체성), 그리스도가 나를 어떻게 부르셨음을 안다면 많은 문제들을 그 빛으로 비추어 봄으로 그 문제들을 해결할 수 있을 것입니다. 그렇다면, 우리에 대한 하나님의 부르심은 무엇이고, 또 우리가 존재하는 목적은 무엇일까요?

우리는 자신의 부르심, 정체성과 인생의 목적을 잊어서는 안 됩니다. 그런데 현실은 어떠합니까? 분주하게 살다 보면 자주 기본을 잊고 어려움에 빠지고 맙니다. 본문은 하나님이 그리스도인을 어떤 목적으로 부르셨는지 알게 합니다. 본문을 통해 신자의 중요한 부르심과 생애의 목적, 정체성이 무엇인지 살펴보겠습니다.

1. 첫 번째 부르심: 하나님의 영광을 위해 살라(하나님의 예배자)

먼저 31절을 통해서 그 첫째가 무엇인지 살펴보겠습니다.

"그런즉 너희가 먹든지 마시든지 무엇을 하든지 다 하나님의 영광을 위하여 하라."

우리가 무엇을 하든 하나님의 영광을 위하여 하라고 했습니다. 성령님은 하나님께 영광을 돌릴 기본 방도와 믿음에 관해서, 본문 바로 앞에서 두 가지 원리를 언급하게 하셨습니다.

첫째, 26절에서 하나님이 만물의 창조주, 소유자, 통치자이심을 믿고 고백함으로 하나님께 영광을 올려 드릴 수 있다고 했습니다.

"이는 땅과 거기 충만한 것이 주의 것임이라."

물론, 우리는 세상 만물, 우리가 가진 모든 것이 하나님 것임을 믿습니다. 우리의 시간, 재능, 건강, 물질, 환경과 자녀 등 모든 것이 하나님의 소유이며 하나님께서 우리에게 맡겨 주신 것임을 믿습니다. 그러면 우리에게 맡기신 것들을 주인이신 하나님의 뜻대로 사용하고 있습니까?

"말씀을 전하는 사람은 하나님의 말씀을 전하는 것처럼 하고 봉사하는 사람은 하나님이 주시는 힘으로 하는 것처럼 하십시오. 그러면 모든 일에 예수 그리스도를 통해 하나님이 영광을 받으실 것입니다"(벧전 4:11, 현대인의 성경).

말씀을 전하고 가르치는 이들이 자기 지식, 철학을 전할 것이 아니라, 하나님의 말씀을 받고 성경 말씀을 바로 풀어서 전하는 믿음과 바른 태도로 할 때, 하나님께 영광을 돌리게 되는 것입니다. 성도들은 자기 힘과 능력이 아니라 하나님이 주신 힘과 능력으로 섬긴다는 것을 믿고 고백적으로 행함으로 하나님께 영광을 돌리게 됩니다.

둘째, 30절에서 마음으로 믿을 뿐 아니라 구체적으로 감사를 드림으로 하나님께 영광 돌려야 한다고 했습니다.

"만일 내가 감사함으로 참여하면 어찌하여 내가 감사하는 것에 대하여 비방을 받으리요."

찬양과 감사로 드리는 고백과 간증은 예배의 중요한 요소입니다.

"감사함으로 그의 문에 들어가며 찬송함으로 그의 궁정에 들어가서 그에게 감사하며 그의 이름을 송축할지어다"(시 100:4).

"감사하는 마음으로 하나님을 찬양하고 또 무엇을 하든지 말에나 일에나 다 주 예수의 이름으로 하고 그를 힘입어 하나님 아버

지께 감사하라"(골 3:16-17).

그런데 사도 바울은 여기서 왜 '먹든지 마시든지'라고 말씀하였을까요? 이 말씀을 통해 우리는 예배로 모이거나 사역이나 교제로 모일 때에만 하나님께 영광을 드리는 것이 아니라는 것을 알게 됩니다.

성도가 음식을 먹거나, 놀거나 휴식하거나, 사역하거나, 공부하거나, 직장에서 일하거나, 모든 일상적이고 평상적인 활동을 하는 동안에도 하나님에게 감사하는 마음을 가짐으로 하나님께 영광을 돌릴 수 있다는 뜻입니다. 언제 어디서 무엇을 하든지 하나님의 존재를 믿고 감사하는 마음을 가지는 것이 곧 하나님께 영광을 돌려드리는 성도의 생활예배, 삶의 예배입니다.

"모든 입으로 예수 그리스도를 주라 시인하여 하나님 아버지께 영광을 돌리게 하셨느니라"(빌 2:11).

여기의 '모든 입'은 모든 이의 입이란 뜻이지만, 한편 개인이 '언제나 그리스도가 나의 왕'이라고 고백하고 감사하는 입이라는 뜻도 있습니다. 삶이 평안하고 형통할 때만 아니라, 때로 병들어도, 사업이 어려워도, 자녀들로 근심하고, 삶에 어려움이 일어나도 여전히 예수님이 나의 왕이라고 고백하는 그 입으로 하나님은 영광을 받으십니다. 우리는 마치 구약의 욥이 그랬던 것처럼 하나님의 왕 되심을 고백해야 합니다.

밴쿠버 교회 지하실에서 청소 상태를 점검하던 아내가 그곳에 숨어 있던 백인 강도에게 공격을 받고 크게 충격을 받은 일이 있었습니다. 하나님의 은혜로 제가 아내를 큰 위기에서 구원할 수 있었고, 아내는 곧 응급실로 옮겨졌습니다. 그때 아내가 제 손을 잡고 이렇게 기도했습니다.

"하나님, 저를 위기와 고통에서 구원해 주셔서 감사합니다. 그리고 이런 일이 교회의 성도와 우리 아이들에게 일어나지 않게 해주셔서 감사합니다."

저는 그 순간 하나님이 아내가 한 기도로 영광을 받으신 것을 믿습니다.

하나님은 혹 우리의 삶에 어려움이 닥쳤을 때, 하나님의 살아 계심, 선하심, 임재와 보호하심을 믿기 어려울 때 감사하는 성도의 고백을 어떤 예배보다 더 기쁘게 받으신다고 믿습니다.

그러므로 우리는 우리 자신에게 물어야 합니다. '범사에 어려운 중에도 하나님께 영광을 돌리는 예배자로 살아가는가?' '늘 함께 계시며, 도우시며, 다스리시는 주님을 믿으며 감사하는 삶을 사는가?'

성부 하나님을 섬기는 예배자로, 제사장으로 부름을 받은 줄 알고 범사에 하나님을 믿고 감사로 영광을 돌리면 위대한 계명, 즉 마태복음 22장 36-40절에서 '마음, 목숨, 뜻을 다하여 주 너의 하나님을 사랑하라' 하신 말씀을 실천하게 될 것입니다.

2. 두 번째 부르심: 이웃의 구원을 위해 살라(예수님의 제자)

"유대인에게나 헬라인에게나 하나님의 교회에나 거치는 자가 되지 말고 나와 같이 모든 일에 모든 사람을 기쁘게 하여 자신의 유익을 구하지 아니하고 많은 사람의 유익을 구하여 그들로 구원을 받게 하라"(고전 10:32-33).

우리는 먼저 하나님을 섬기는 예배자로 부르심을 받았고, 그다음에 우리는 이웃과 세상을 위한 예수님의 제자로 부르심을 받았습니다. 예수님은 "내가 온 것은 세상을 심판하려 함이 아니요 세상을 구원하려 함이로라"(요 12:47)라고 말씀하셨습니다.

1) 제자로서 살아가기

그렇다면 우리는 예수님의 제자로서 어떻게 살아야 할까요?

첫째, 남에게 거치는 자가 되지 말아야 합니다. 앞에서 제물을 먹는 일에 관해 충고할 때 이미 이러한 원리를 가르쳤습니다.

둘째, 자기의 유익보다 이웃의 유익, 자신의 기쁨보다 이웃의 기쁨을 먼저 추구해야 합니다.

그런데 바울 사도가 이렇게 하라는 당부를 할 때, 어떤 전제가 있습니다. 누구든지 이웃에게 양보하고, 유익을 주고, 그들을 기쁘게 하면 주님이 그것을 보시고, 당신이 축복과 기쁨으로 보상하신다는 것입니다. 우리 개인이나 교회 공동체가 누구에게 무엇을 하든지 결국 그것은 하나님을 섬기는 일이며, 하나님이 그것을 받으시고, 보상해 주십니다.

> **"또 누구든지 내 이름으로 이런 어린이 하나를 영접하면, 나를 영접하는 것이다"**(마 18:5, 표준새번역).

> **"종이든 자유인이든 누구든지 선한 일을 하면 주님에게 그만한 상을 받는다는 것을 아십시오"**(엡 6:8, 현대인의 성경).

셋째, 이웃에게 줄 수 있는 유익 중에서 가장 큰 유익 곧 영원한 생명의 구원을 얻게 해야 합니다. 우리는 복음 전도로 이웃의 영혼을 구원하고, 그들의 묶임이 풀어지고 하나님의 은혜와 사랑 안에서 그들이 성장하도록 섬길 부르심을 받았습니다.

본문의 '구원을 얻게 하라'에서 '구원'은 영혼 구원만 아니라, 하나님의 나라에 속하지 않은 모든 형태의 묶임과 제한에서 구원하는 것을 말합니다. 구원받은 이들이 성숙한 성도로 성장하도록 섬기는 부르심을 받았습니다. 그것이 바로 우리가 이웃에게 나누어 줄 수 있는 구원입니다.

2) 제자를 부르신 목적

그런데 이보다 먼저, 예수님께서 제자들을 부르신 목적을 알아야 합니다. 그 목적을 알아야 우리를 제자로 부르신 이유를 알게 되고, 또 그에 합당하게 제자로서 살아갈 수 있기 때문입니다.

예수님은 제자들이 성품적으로 예수님을 닮고(고전 4:16), 예수님이 친히 하신 모든 일(눅 9:1-2; 마 28:18-20; 막 16:15-20)과 사역을 하게 하기 위해 제자를 부르셨습니다.

> **"이에 열둘을 세우셨으니 이는 자기와 함께 있게 하시고 또 보내사 전도도 하며 귀신을 내쫓는 권능도 가지게 하려 하심이러라"**
> **(막 3:14-15).**

예수님은 제자들에게, 그들의 제자들이 예수께서 친히 하신 모든 것을 할 수 있도록 양육하라고 명령하셨습니다.

"내가 너희에게 분부한 모든 것을 가르쳐 지키게 하라"(마 28:20).

그러므로 교회는 성도들이 예수님의 제자답도록, 그분이 하신 모든 일 중에서 특히 전도자 사역, 말씀 교사 사역, 치유 사역, 축사 사역, 서로 돌보는 목자 사역, 중보 기도와 예언적 사역, 사도적 사역 중에서 각자의 부르심과 은사를 따라서 사역하도록 양육하고 훈련해야 합니다.

그러나 오늘날 많은 성도가 전도가 아니라 교회로 인도하는 데 그칩니다. 소수의 사역자들만 병이 낫도록 기도했고, 귀신을 쫓는 사역을 했으며, 또 어떤 이들은 선교사들을 위해서 중보하고 헌금하며 단기선교에 참여하는 데 그쳤습니다.

그런데 지상 대명령을 주신 예수님은 어떻게 제자들을 양육하셨습니까? 젊고, 배움이 짧은, 다혈질인 소수(약 20명)의 청년들과 함께 생활하며 그들을 제자로 양육하셨습니다. 복음의 의미와 권능, 하나님 나라의 가치, 문화를 보고 배우게 하셨습니다. 기도, 전도, 치유, 교사, 선지자, 사도적 사역 등 예수님이 하신 사역을 보게 하셨고, 때로 현장에 나가서 실제로 사역하는 훈련도 시키셨습니다. 항상 사랑으로 참으시고, 배신한 제자들을 용서하고 다시 부르셔서 결국 그들이 곧 오실 성령님에게 전적으로 열리고 복종하게 하셨습니다.

그러므로 교회는 신자들을 성화로 이끌어 주고 예수님이 하신 사역을 할 수 있도록 훈련해야 합니다. 아울러 이런 제자들을 파송해서, 사회에 나가서 일을 하게 해야 합니다.

물론 여기에는 고려해야 할 것이 많습니다. 이렇게 하는 교회 그리고 할 수 있는 교회가 얼마나 있을까요? 리더들이 하나의 팀으로 사역하려면 어떻게 해야 할까요? 그리고 이런 사역을 하기 위해서는 먼저 깨어짐, 성령을 따르는 삶의 훈련, 존중의 문화가 있어야 합니다. 또 이렇게 한다면 좋아하고 따를 성도들이 얼마나 있을까요? 세상에 흔한 게 교회인데, 성도들이 이런 도전과 부담 주는 교회에 계속 다닐까요? 열거하자면 끝이 없을 것입니다.

그래도 말씀대로 믿는 교회라면 이 말씀을 무겁게 받아들여야 합니다.

3) 예수님의 사역

제자들은 예수님을 본받아 사역하며, 또 예수님을 본받는 제자를 만들어야 합니다. 우리 모두의 모본이신 예수님이 이 세상에서 주로 어떤 사역을 하셨을까요?

(1) 복음을 전하시려고 – 그 전도자로 오셨다

예수님은 당신이 오신 목적이 하나님 나라 복음(preach the Good news of the Kingdom of God)을 전하는 것이라고 말씀하셨습니다(막 1:14-15).

> **"예수께서 이르시되 내가 다른 동네에서도 하나님의 나라 복음을 전하여야 하리니 나는 이 일을 위해 보내심을 받았노라"**(눅 4:43).

(2) 포로된 자에게 자유를 주시려고 – 그 교사로 오셨다

사탄의 거짓말에 속고 있는 사람들을 진리로 자유하게 하는 그 교사로 오셨습니다. 주님은 진리 말씀을 가장 온전하게 가르치신 교사이셨습니다.

"예수께서 온 갈릴리에 두루 다니사 그들의 회당에서 가르치시며"(마 4:23).

"예수께서 이러한 많은 비유로 그들이 알아 들을 수 있는 대로 말씀을 가르치시되"(막 4:33).

(3) 눈먼 자에게 다시 보게 함을 전파하는 – 그 선지자로 오셨다

구약 시대에는 선지자들이 병을 고치고 이적을 행했습니다. 예수님은 영적 맹인과 육신적 맹인의 눈을 고쳐서 보게 하셨습니다. 또한 귀신을 쫓아내시고, 병을 고쳐 주시며, 물을 포도주로 만드시는 등 많은 표적과 이적을 행하셨습니다. 그래서 하나님 나라가 실제로, 권능으로 임하는 것을 사람들이 경험하게 하셨습니다.

"예수께서 이 첫 표적을 갈릴리 가나에서 행하여 그의 영광을 나타내시매 제자들이 그를 믿으니라"(요 2:11).

"그러나 내가 만일 하나님의 손을 힘입어 귀신을 쫓아낸다면 하나님의 나라가 이미 너희에게 임하였느니라"(눅 11:20).

더 중요한 것은, 하나님이 어떤 분인지 알게 한, 완전한 최종 계시자로 오셨다는 것입니다.

"하나님이 너희 형제 가운데서 나와 같은 선지자를 세우리라 하던 자가 곧 이 모세라"(행 7:37).

"예수께서 이르시되 빌립아 내가 이렇게 오래 너희와 함께 있으되 네가 나를 알지 못하느냐 나를 본 자는 아버지를 보았거늘 어찌하여 아버지를 보이라 하느냐"(요 14:9).

"내가 아버지 안에 거하고 아버지께서 내 안에 계심을 믿으라 그렇지 못하겠거든 행하는 그 일로 말미암아 나를 믿으라"(요 14:11).

(4) 눌린 자를 자유하게 하는 – 그 목자(목사)로 오셨다

예수님은 목자 없는 양같이 유리하며 시달리고 고통당하는 이들을 구원하고 품어 주며 보호하는 그 목자로 오셨습니다.

"예수께서 나오사 큰 무리를 보시고 그 목자 없는 양 같음으로 인하여 불쌍히 여기사 이에 여러 가지로 가르치시더라"(막 6:34).

"너희가 전에는 양과 같이 길을 잃었더니 이제는 너희 영혼의 목자와 감독 되신 이에게 돌아왔느니라"(벧전 2:25).

(5) 주의 은혜의 해를 전파하는 – 그 사도로 오셨다

예수님은 아버지의 경륜과 뜻을 따라, 옛 부대가 된 유대교는 그대로 두시고 새 부대, 한 새사람인 교회를 세우셨습니다. 교회는 이스라엘이 자리 잡고 있는 데에 구원받은 이방인을 추가로 넣으

신 것이 아니라, 이스라엘과 이방인이 같은 은혜를 받고 하나 되어 만들어진 새 피조물입니다.

주님은 새 부대로 지으신 교회에 새 술 곧 성령을 부으시고, 세상에 나가서 당신이 친히 하신 일 곧 마귀의 일을 멸하고 하나님의 나라를 세우라고 명하셨습니다.

"우리가 믿는 도리의 사도(the apostle)**이시며 대제사장이신 예수를 깊이 생각하라"**(히 3:1).

이 말씀은 예수님이 그 사도라고 증거합니다.

4) 5중 사역

그리고 하나님은 에베소서 4장 11-12절을 통해, 교회가 5중 사역으로 성도들을 온전하게 하고 성도들이 하나님 나라의 일을 하게 하라고 당부하셨습니다.

"그가 어떤 사람은 사도로, 어떤 사람은 선지자로, 어떤 사람은 복음 전하는 자로, 어떤 사람은 목사와 교사로 삼으셨으니 이는 성도를 온전하게 하여 봉사의 일을 하게 하며 그리스도의 몸을 세우려 하심이라"(엡 4:11-12).

11절의 5중 직임은 예수님이 친히 하신 사역을 사역자들이 은사에 따라서 나누어서 할 뿐 아니라, 성령 안에서 한 팀으로 하는 사역입니다. 그 목적은 성도들을 온전하게 하고, 예수님이 하셨던 사역을 나누어서 하게 함으로 그리스도의 몸을 자라게 하고, 하나님 나라의 일을 하게 하는 것입니다.

그러므로 교회는 성도가 성장하고 성화되도록 돕고, 사역 훈련을 해서 그들이 교회를 확장하며 언젠가 사역자로 내보내시도록 준비해야 합니다. 또한 성도 개인이 5중 사역 중 어느 부분에 부르심과 은사가 있는지 알고, 그 안에서 성장하도록 해야 합니다.

3. 마지막 부르심: 성령과 동행하는 성도가 되라(성령님의 동역자)

"내가 그리스도를 본받는 자가 된 것 같이 너희는 나를 본받는 자가 되라"(고전 11:1).

1절의 교훈을 생각해 봅시다. 왜 "내가 그리스도를 본받는 자 된 것 같이 너희는 나를 본받는 자가 되라"라고 말씀하셨을까요? 혹 너무 독선적이라고 느껴지지는 않은가요? 그러나 여기에는 몇 가지 깊은 의미가 있습니다.

1) 구원의 은혜의 간증과 격려의 의미

'바울'로 개명하기 전에 '사울'이었을 때, 그는 예수님을 이단의 괴수로 알고 믿는 신자들을 심하게 핍박했습니다. 그러다 부활하신 주님을 만났습니다. 그때 예수님을 열정적으로 따르는, 성령이 충만한 제자로 거듭났습니다. 그리고 이방을 위한 사도로 보내심을 받았습니다. 그래서 바울이 '나를 본받으라'고 한 것입니다.

"나 같은 죄인을 용서하시고 구원하시고 변화시키신 주님을 보십시오!"

주님께서 이런 그를 얼마나 사랑하셨을까요? 신자가 이런 소망을 가지면 사도 바울처럼 놀랍게 변화될 수 있습니다.

2) 사역자로서의 간증과 교훈

'그리스도'는 '기름 부음 받은 자, 메시아'란 뜻입니다. 예수님은 이 세상에 오실 때 당신의 모든 신적 권능과 지식을 사용하지 않기를 결정하고, 우리와 똑같은 조건에서 살며 사역하셨습니다. 그것은 우리로 하여금 모든 면에서 당신처럼 되게 하기 위해서였습니다.

> **"그는 근본 하나님의 본체시나 하나님과 동등됨을 취할 것으로 여기지 아니하시고 오히려 자기를 비워 종의 형체를 가지사 사람들과 같이 되셨고 사람의 모양으로 나타나사"**(빌 2:6-8).

이것이 얼마나 중요한지, 주님은 친히 공생애 첫 설교에서 이것을 선포하셨습니다.

> **"주의 성령이 내게 임하셨으니 이는 가난한 자에게 복음을 전하게 하시려고 내게 기름을 부으시고 나를 보내사 포로 된 자에게 자유를, 눈먼 자에게 다시 보게 함을 전파하며 눌린 자를 자유롭게 하고"**(눅 4:18).

공생애 동안 주님 옆에서 모든 걸 지켜본 베드로는 이렇게 증거했습니다.

"하나님이 나사렛 예수에게 성령과 능력을 기름 붓듯 하셨으매 그가 두루 다니시며 선한 일을 행하시고 마귀에게 눌린 모든 사람을 고치셨으니 이는 하나님이 함께하셨음이라"(행 10:38).

요한복음 3장 34절은 하나님이 그리스도에게 '성령을 한량없이 주셨다'라고 했습니다. 또한 성경은 하나님이 믿는 모든 성도에게 기름을 부으셨다고도 말씀합니다.

"우리를 너희와 함께 그리스도 안에서 굳건하게 하시고 우리에게 기름을 부으신 이는 하나님이시니"(고후 1:21).

"너희는 거룩하신 자에게서 기름 부음을 받고 모든 것을 아느니라"(요일 2:20).

"너희는 주께 받은바 기름 부음이 너희 안에 거하나니 아무도 너희를 가르칠 필요가 없고 오직 그의 기름 부음이 모든 것을 너희에게 가르치며 또 참되고 거짓이 없으니 너희를 가르치신 그대로 주 안에 거하라"(요일 2:27).

예수님께서 신적 능력을 유보하시고(빌 2:6-7) 오직 성령으로만 사역하셨듯이, 사도 바울도 자신의 학식과 언변, 로마 시민권 등을 내세우지 않고 오직 성령의 능력과 나타나심, 기름 부음으로만 사역했습니다. 그리고 모두에게 '너희는 나를 본받는 자가 되라'고 했습니다.

아울러 복음과 하나님 나라를 하나로 이해했고, 모든 사역자들도 그렇게 믿고 사역하도록 '너희는 나를 본받는 자가 되라'고 했습니다.

"그러나 내가 내 달려갈 길을 다 달리고, 주 예수에게 받은 사명, 곧 하나님의 은혜의 복음을 증언하는 일을 다하기만 한다면, 나는 내 목숨이 조금도 아깝지 않습니다. 나는 여러분 가운데로 들어가서, 그 나라를 선포하였습니다"(행 20:24-25, 표준새번역).

사도행전 11장 26절에서, 안디옥 교회 신자들을 통해서 성령의 능력이 나타나는 것을 보고 사람들이 그들을 '그리스도인' 곧 '기름 부음 받은 사람'이라고 불렀다고 했습니다. 이것이 오늘날 교회 중에서 회복될 이름이요, 교회의 본질입니다.

"그들이 묻되 우리가 어떻게 하여야 하나님의 일을 하오리이까 예수께서 대답하여 이르시되 하나님께서 보내신 이를 믿는 것이 하나님의 일이니라 하시니"(요 6:28-29).

이 말씀은 우리에게 무엇을 알게 합니까? 하나님이 보내신 예수님을 믿고, 예수님이 그러셨던 것같이 성령님을 따르는 것이 하나님의 일을 하는 방도임을 가르쳐 줍니다. 성령님은 전능하시지만 믿고, 거듭난 성도와 함께 일하시는 분이십니다. 존 웨슬리는 이 같은 진리를 "Without God we can not…", "Without us God will no…"라고 표현했습니다.

성령님이 우리 안에 계셔서 우리를 통해서 예수님이 하셨던 일, 아니 그보다 더 큰 일을 하실 것을 믿고 그분의 동역자가 되어야 합니다.

“내가 진실로 진실로 너희에게 이르노니 나를 믿는 자는 내가 하는 일을 그도 할 것이요 또한 그보다 큰 일도 하리니 이는 내가 아버지께로 감이라”(요 14:12).

“오직 성령이 너희에게 임하시면 너희가 권능을 받고 예루살렘과 온 유대와 사마리아와 땅 끝까지 이르러 내 증인이 되리라 하시니라”(행 1:8).

생각해 봅시다! 누가 주체적으로 일하며 누가 그의 증인이 되라는 뜻입니까?

“은혜의 선물은 여러 가지가 있지만 성령님은 한 분이시며 섬기는 일은 여러 가지가 있지만 주님도 한 분이십니다. 그리고 해야 할 일은 여러 가지가 있지만 모든 사람 안에서 일하시는 하나님은 한 분이십니다”(고전 12:4-6, 현대인의 성경).

우리 안에 계시는 성령님이 우리 개인과 교회 안에서 기쁘시고 자유롭게 일하시도록 허락해 드리고 순종하고 따라야 합니다.

그런데 오늘날, 많은 사역자들이 본문 1절 말씀을 믿지 않는 것 같이 보입니다. 자신들에게 부어 주신 기름 부음은 존중하더라도 신자들 안에 있는 기름 부음을 충분히 인정하지 않는 것 같습니다. 고린도 교회의 리더였던, 성품과 학식이 뛰어나고 은혜 있었던 아볼로 같은 이들을 존중하고 복음과 성령 안에서 쓰임 받았던 바울을 본받는 이들이 별로 없는 듯 여겨집니다.

우리는 그러지 말아야 합니다. 복음을 깊이 배우고, 성령의 기름 부음, 은사를 사모하고 익히고 활성화합시다! 에베소서 1장 16-23절 말씀을 붙잡고 기도합시다!

> "내가 기도할 때에 기억하며 너희로 말미암아 감사하기를 그치지 아니하고 우리 주 예수 그리스도의 하나님, 영광의 아버지께서 지혜와 계시의 영을 너희에게 주사 하나님을 알게 하시고 너희 마음의 눈을 밝히사 그의 부르심의 소망이 무엇이며 성도 안에서 그 기업의 영광의 풍성함이 무엇이며 그의 힘의 위력으로 역사하심을 따라 믿는 우리에게 베푸신 능력의 지극히 크심이 어떠한 것을 너희로 알게 하시기를 구하노라 그의 능력이 그리스도 안에서 역사하사 죽은 자들 가운데서 다시 살리시고 하늘에서 자기의 오른편에 앉히사 모든 통치와 권세와 능력과 주권과 이 세상뿐 아니라 오는 세상에 일컫는 모든 이름 위에 뛰어나게 하시고 또 만물을 그의 발 아래에 복종하게 하시고 그를 만물 위에 교회의 머리로 삼으셨느니라 교회는 그의 몸이니 만물 안에서 만물을 충만하게 하시는 이의 충만함이니라"(엡 1:16-23).

3) 성화의 간증과 권면의 의미

육신으로 오신 예수님을 뵙지 못했으나 무엇보다 거룩한 예수님을 닮기를 열망했던 사도 바울은 성도들에게 자신의 성화를 간증하고 자신처럼 되도록 권면했습니다. 사도 바울은 누구보다 더 드라마틱한 체험과 구원의 확신을 가졌습니다.

> "그런즉 누구든지 그리스도 안에 있으면 새로운 피조물이라 이

전 것은 지나갔으니 보라 새것이 되었도다"(고후 5:17).

그런데 아무리 거룩하고 성령 충만해도, 회개할 일이 없는 날이 과연 하루라도 있었겠습니까? "성인은 다른 이들보다 더 자주 회개하는 죄인이다"라는 말이 있습니다. 신자는 성화될수록 자신의 의로움보다 칭의의 은혜를 더욱 의존하게 됩니다.(출처: '칭의와 성화'에 대한 바른 이해, 박영돈 목사, 고려신학대학원 교수)

그래서 사도 바울도 마지막 서신에서 현재형으로 '내가 죄인 중에 괴수'라고 고백했습니다.

"그리스도 예수께서 죄인을 구원하시려고 세상에 오셨다고 하는 이 말씀은 믿음직한 말씀이고, 모든 사람이 받아들일 만한 말씀입니다. 나는 죄인의 괴수입니다. 그러나 하나님께서는 나에게 자비를 베푸셨습니다. 그것은 그리스도 예수께서 먼저 나에게 끝없이 참아 주심을 보이셔서, 앞으로 예수를 믿고 영원한 생명을 얻으려고 하는 사람들의 본보기로 삼으려 하신 것입니다"
(딤전 1:15-16, 표준새번역).

그리고 로마서 7장에 놀랍고 두려운 간증을 기록했습니다. 먼저 주어가 '우리'였다가 15절부터 '나'로 바뀌고, 시제도 과거에서 현재로 바뀝니다. 그래서 거듭난 신자 안에 있는 죄성, 육신의 소욕으로 인한 갈등임을 알게 됩니다.

그 글의 저자, 바울 사도는 하나님의 말씀이 선한 줄 알고, 말씀대로 살기를 소원했습니다. 그런데 '내 안에 있는 악의 세력이 나를 사로잡고 끌어간다. 그 끝없는 내적 갈등이 너무 처절해서 죽을 만큼 몸부림친다' 고백하고 있습니다.

이미 '의롭다, 거룩하다'라는 하나님의 말씀을 듣고 신분적으로 새 피조물이 되었으나, 그때부터 변화되어 예수 그리스도로부터 배우는 과정 3년 동안 누구보다 깊은 '성화'의 과정을 걸었으므로 많은 교훈을 남길 수 있었습니다.

바울 사도는 예수님은 우리의 자범죄(sins)만 위해 죽으신 것이 아니라 죄(sin, 죄성)를 위해서 죽으셨음을 알았습니다. 죄를 지어서 죄인 된 것이 아니라 그전에 우리 존재가 죄였음도 알았습니다. 동시에 "내 속 곧 내 육신에 선한 것이 거하지 아니하는 줄을 아노니 원함은 내게 있으나 선을 행하는 것은 없노라"(롬 7:18)라고 고백했습니다.

그리고 하나님이 주신 십자가의 계시를 고린도후서 5장 21절에 이렇게 남겼습니다.

> **"하나님이 죄를 알지도 못하신 이를 우리를 대신하여 죄로 삼으신 것은 우리로 하여금 그 안에서 하나님의 의가 되게 하려 하심이라."**

예수님은 우리가 되셔서 우리의 모든 영역(영·혼·육)에서 죽으셨습니다. 그러나 부활하셔서, 완전한 영적 죽음 안에 있던 우리를 일으키시고, 우리를 당신 안에서 새로운 피조물이 되게 하셨습니다.

> **"그런즉 누구든지 그리스도 안에 있으면 새로운 피조물이라 이전 것은 지나갔으니 보라 새것이 되었도다"**(고후 5:17).

"이와 같이 여러분도 자신을 죄에 대해서는 죽은 자요, 하나님께 대해서는 그리스도 예수 안에서 산 자로 여기십시오"(롬 6:11, 우리말성경).

"그러므로 나의 사랑하는 여러분, 여러분이 언제나 순종한 대로, 내가 함께 있을 때뿐만 아니라, 지금과 같이 내가 없을 때에도 더욱더 순종하여서, 두렵고 떨리는 마음으로 자기의 구원을 이루어 나가십시오. 하나님께서는 여러분 안에서 활동하셔서, 여러분으로 하여금 하나님을 기쁘시게 할 것을 염원하고, 실천하게 하시는 분이십니다"(빌 2:12-13, 표준새번역).

"그러므로 땅에 속한 지체들을 죽이십시오. 그것들은 음행과 더러운 것과 정욕과 악한 욕망과 탐심입니다. 탐심은 우상 숭배입니다.…그러나 이제 여러분 스스로 그 모든 것, 곧 분노와 증오와 악의와 비방과 여러분의 입에서 나오는 더러운 말을 제거하십시오. 서로 거짓말을 하지 마십시오. 여러분은 옛 사람을 그 행위와 함께 벗어 버리고 새사람을 입으십시오. 이 새사람은 자기를 창조하신 분의 형상을 따라 끊임없이 새로워져서 참 지식에 이르게 됩니다"(골 3:5, 8-10, 우리말성경, 참고 - 골 3:10-17; 롬 6:11-14; 고전 15:31; 엡 4:22-29).

"우리는 모두 너울을 벗어 버리고, 주님의 영광을 바라봅니다. 이렇게 해서, 우리는 주님과 같은 모습으로 변화하여, 점점 더 큰 영광에 이르게 됩니다"(고후 3:18, 표준새번역).

"그리스도 예수께 속한 사람은 정욕과 욕망과 함께 자기의 육체를 십자가에 못박았습니다"(갈 5:24, 표준새번역).

"나는, 하나님께서 여러분을 위하여 하나님의 말씀을 남김없이 전파하라고 맡기신 사명을 따라, 교회의 일꾼이 되었습니다. 이 비밀은 영원 전부터 모든 세대에게 감추어져 있었는데, 지금은 그의 성도들에게 드러났습니다. 하나님께서는 이방 사람 가운데 나타난 이 비밀의 영광이 얼마나 풍성한가를, 성도들에게 알게 하려고 하셨습니다. 이 비밀은 여러분 가운데 계신 그리스도요, 곧 영광의 소망입니다. 우리는 이 그리스도를 전파합니다. 우리는 모든 사람을 그리스도 안에서 온전한 사람으로 세우려고 모든 사람에게 권하며, 지혜를 다하여 모든 사람을 가르칩니다. 나도 이 일을 위하여, 내 속에서 능력으로 활동하시는 그에게 힘을 얻어서 수고하고 있고, 애쓰고 있습니다"(골 1:25-29, 표준새번역).

"내가 그리스도와 함께 십자가에 못 박혔나니 그런즉 이제는 내가 사는 것이 아니요 오직 내 안에 그리스도께서 사시는 것이라"(갈 2:20).

"그분의 풍성한 영광으로, 그분의 성령을 시켜, 여러분의 속 사람을 능력으로 강건하게 해주시고, 믿음으로 말미암아 그리스도를 여러분의 마음속에 머물러 계시게 해주시기를 빕니다"(엡 3:16-17, 표준새번역).

저는 사도 바울의 이 기도가 우리 시대에 이루어질 것을 믿습니다. ‘성경에 기록된 말씀이 예수님 재림 전에 이루어져야 하지 않겠는가?’ 여러분도 그렇게 믿으시길 축원합니다. 만약 이 말씀이 이루어진다면 이 얼마나 영광스러운 일입니까?

말씀을 정리하고 마칩니다. 언제, 어디서, 무엇을 하든지 늘 하나님을 인정하고 감사하며, 모든 영광을 돌리는 성부 하나님을 섬기는 예배자의 부르심을 이루는 우리가 됩시다!

이 세상에 오신 예수님의 뜻에 순종해서 모든 민족을 당신의 제자 삼으라고 명하신 성자 하나님 예수 그리스도의 제자로서 부르심을 이루며 삽시다!

우리도 바울 사도처럼 항상 성령님을 따름으로 거룩하신 성령의 기름 부음으로 능력을 나타낼 뿐 아니라 성화의 은총을 이루어 가는 성도들이 됩시다!

이런 부르심과 인생의 목적을 알고 헌신할 때 하나님이 크게 기뻐하시고, 전적으로 도우시고, 임하시고, 이끄실 것입니다. 세상과 우주적 교회 앞에 그리고 하나님 앞에 바로 선 그리스도인이 됩시다. 그러면 하나님이 주시는 영광과 기쁨과 축복과 좋은 열매가 가득할 것입니다. 가장 보람된 생애를 살아가게 될 것입니다. 우리를 통해 우리 자손들, 더 많은 이들이 구원받고, 이 세상에 하나님의 나라가 더욱 가까이 임해서, 세상이 조금이라도 더 좋게 변화되게 합시다.

하나님 나라 확장을 위한 우리의 사명

14요한이 잡힌 후 예수께서 갈릴리에 오셔서 하나님의 복음을 전파
하여 15이르시되 때가 찼고 하나님의 나라가 가까이 왔으니 회개하
고 복음을 믿으라 하시더라(막 1:14-15).

해 받으신 후에 또한 저희에게 확실한 많은 증거로 친히 사심을 나타내사 사십 일 동안 저희에게 보이시며 하나님 나라의 일을 말씀하시니라(행 1:3, 개역한글).

1. 예수 그리스도의 사명과 사역

영원 전부터 하나님과 함께 계셨던 거룩한 말씀, 곧 예수 그리스도께서 성육신하신 궁극적인 목적은 이 땅에 하나님 나라를 세우는 것이었습니다. 이 목적을 이루시기 위해 예수님께서는 공생애 기간 동안 이사야서의 예언(사 61:1-3; 눅 4:16-21)대로 힘써 사역하셨습니다. 특히 십자가에서 죽으시고 부활하심으로 마귀의 일을 결정적으로 멸하셨습니다.

"죄를 짓는 자는 마귀에게 속하나니 마귀는 처음부터 범죄함이라 하나님의 아들이 나타나신 것은 마귀의 일을 멸하려 하심이라"(요일 3:8).

"그는 근본 하나님의 본체시나 하나님과 동등됨을 취할 것으로 여기지 아니하시고 오히려 자기를 비워 종의 형체를 가지사 사람들과 같이 되셨고 사람의 모양으로 나타나사 자기를 낮추시고 죽기까지 복종하셨으니 곧 십자가에 죽으심이라"(빌 2:6-8).

주님은 십자가에서 죽기까지 하나님께 순종하셨고, 부활하여 높이심을 받으셨습니다. 승천하신 후 성령을 보내셨고, 하나님의 우편에서 우리를 위해 중보하시며, 지금 신자의 마음에 내주하고 계십니다(골 1:27; 고후 13:5; 엡 3:17). 그리고 하나님께서 정하신 때에 영광 가운데 재림하실 것입니다.

예수 그리스도께서 하나님 나라의 도래를 선포하고 준비하기 위해 십자가에서 죽으시기 전에 집중하신 핵심적 세 가지 사역은 다음과 같습니다.

첫째, 하나님 나라의 복음을 전파하셨습니다. 하나님 나라가 도래했다는 기쁜 소식인 복음을 선포하셨습니다.

둘째, 권능을 증거하셨습니다. 모든 병을 치유하시고 귀신을 쫓아내서 하나님 나라가 실제로 임했음을 사람들이 체험하도록 하셨습니다.

셋째, 제자를 양육하셨습니다. 당신을 이어서 하나님 나라를 증거하고 확장할 제자들을 훈련시키셨습니다.

2. 예수 그리스도 사역의 중심 주제: 하나님 나라

예수님께서 행하신 모든 일의 중심 주제는 '하나님 나라'입니다.

예수님의 생애와 사역에 관한 기록인 복음서에는 '하나님 나라' 또는 마태복음에서 동일한 의미로 사용된 '천국'이 무려 126회나 나옵니다. 하나님 나라는 주님 공생애의 첫 메시지였고, 계속된 가르침과 모든 사역의 주제였으며, 부활 후 40일간의 가르침(행 1:3)으로 결론지어졌습니다.

> **"요한이 잡힌 후 예수께서 갈릴리에 오셔서 하나님의 복음을 전파하여 이르시되 때가 찼고 하나님의 나라가 가까이 왔으니 회개하고 복음을 믿으라 하시더라"**(막 1:14-15).

> **"그가 고난받으신 후에 또한 그들에게 확실한 많은 증거로 친히 살아 계심을 나타내사 사십 일 동안 그들에게 보이시며 하나님 나라의 일을 말씀하시니라"**(행 1:3).

1) 하나님 나라와 사탄의 나라

성경은 하나님 나라의 확장을 막는 사탄의 나라가 있음을 말씀합니다. 이 사탄의 나라는 사망의 권세와 두려움을 통해 세상을 통치합니다.

하나님의 아들이신 예수 그리스도께서 사람이 되신 것(성육신)은, 사망의 권세를 잡은 자 곧 마귀를 멸하시고(히 2:14) 그 아래 매여 종노릇하는 사람들을 구원하여 하나님 나라로 옮겨 주시기 위함입니다(히 2:15; 골 1:13). 사도 바울도 자신이 사역하는 목적 중의 하나가 사탄의 나라에서 사람들을 건져 내는 일이라고 했습니다.

> **"이스라엘과 이방인들에게서 내가 너를 구원하여 그들에게 보내어 그 눈을 뜨게 하여 어둠에서 빛으로, 사탄의 권세에서 하나님께로 돌아오게 하고 죄 사함과 나를 믿어 거룩하게 된 무리 가운데서 기업을 얻게 하리라"**(행 26:17-18).

2) 하나님 나라의 정의

(1) 통치 행위로서의 왕국(Reign, not Realm)

흔히 '왕국'(kingdom)을 왕의 영토(realm, 王領)나 지역(region)으로 이해합니다. 그러나 성경에서 사용된 '하나님 나라'(Kingdom of God)의 개념은 그런 지리적 영역의 의미보다 '다스림의 행위'(the activity of ruling) 혹은 '통치적 행위'(the activity of reigning)라는 고어적 의미에 가장 적합합니다.

(2) 하나님 나라 – 하나님의 적극적인 다스리심

하나님 나라는 하나님의 적극적인 다스리심과 통치하심을 의미합니다. 다니엘 5장 26-28절에서 벨사살 왕의 나라가 끝났다고 한 것은, 바벨론이 지리적으로 사라진다는 것이 아니라 벨사살 왕의 통치가 끝났음을 의미했습니다.

> **"나라가 임하시오며 뜻이 하늘에서 이루어진 것 같이 땅에서도 이루어지이다"**(마 6:10).

이 말씀은 하나님 나라가 '하나님의 뜻이 이루어지는 영역' 곧 하나님이 적극적으로 다스리시는 영역임을 알게 합니다.

예수님은 이스라엘에게 회개하고 복음을 믿으라고 촉구하시며, 회개와 믿음, 거듭남을 통해 하나님의 역동적인 다스리심, 그 나라로 들어오라고 촉구하셨습니다.

3) 하나님 나라와 교회

예수님은 누가복음 12장 32절의 말씀처럼, 당신의 부르심에 응답하는 제자들을 하나님 나라의 백성으로 삼으셨습니다.

> **"적은 무리여 무서워 말라 너희 아버지께서 그 나라를 너희에게 주시기를 기뻐하시느니라"**(눅 12:32).

옛 언약의 백성이 여전히 존재함에도 불구하고 예수님은 하나님의 나라를 선포하시고 당신의 통치를 받아들일 새로운 백성을 구원하고 모으셨는데, 그들을 '내 교회'라고 선언하셨습니다.

> **"시몬 베드로가 대답하여 이르되 주는 그리스도시요 살아 계신 하나님의 아들이시니이다…또 내가 네게 이르노니 너는 베드로라 내가 이 반석 위에 내 교회를 세우리니 음부의 권세가 이기지 못하리라"**(마 16:16, 18).

결국 예수께서 하나님 나라를 선포하신 목적은, 복음을 믿음으로 사탄의 통치에서 구원받고(골 1:13) 하나님 나라로 옮겨 올 하나님의 백성을 재창조하고 모으시는 것이었습니다.

그러므로 교회는 이 세상에 존재하는 하나님 나라 백성의 공동체입니다. 하나님 나라의 현재적인 형태가 교회이며, 교회는 예수님께서 하나님의 나라를 선포하신 결과로 맺어진 열매입니다. 이 교회는 예수님의 재림 때까지 하나님 나라를 선포할 사명을 받았습니다.

그러므로 교회의 사명은 다음과 같습니다. 첫째로 하나님의 복음을 널리 선포하며(막 1:14-15; 눅 4:43, 8:1; 골 1:28), 둘째로 성령의 권능으로 병을 고치고 귀신들을 쫓아내며(치유), 셋째로 성도들을 그리스도의 온전한 제자로 세우고(골 1:28), 넷째로 결과적으로 하나님 나라가 확장되게 하는 것입니다.

하나님 나라는 신자의 마음과 삶에서 세워지고(성화), 교회 안에서 확장되며, 신자와 교회의 사역을 통해 이 세상에서 확장되어야 합니다(선교).

> **"하나님의 나라는 먹는 것과 마시는 것이 아니요 오직 성령 안에 있는 의와 평강과 희락이라"**(롬 14:17).

3. 예수 그리스도 사역의 모본과 우리의 부르심

예수님은 하나님 나라를 세우고 확장하기 위해 오셨습니다. 우리가 주님의 제자로서 하나님 나라의 부르심에 응하려면, 예수님께서 무슨 사역을 하셨고, 어떤 방식으로 하셨는지를 알고 본받아야 합니다.

1) 사역의 모본: 스스로 하지 않고 절대적으로 아버지에게 순종하심

예수님은 사역을 하실 때 항상 아버지의 뜻을 따르셨고 스스로 행하지 않으셨습니다. 이것이 우리가 해야 할 모든 사역의 모본적인 방식입니다.

> "그러므로 예수께서 그들에게 이르시되 내가 진실로 진실로 너희에게 이르노니 아들이 아버지께서 하시는 일을 보지 않고는 아무것도 스스로 할 수 없나니 아버지께서 행하시는 그것을 아들도 그와 같이 행하느니라…내가 아무것도 스스로 할 수 없노라 듣는 대로 심판하노니 나는 나의 뜻대로 하려 하지 않고 나를 보내신 이의 뜻대로 하려 하므로 내 심판은 의로우니라"(요 5:19, 30).

2) 하나님 나라를 위한 삼중 사역(The Threefold Ministry)

예수님은 하나님 나라를 세우기 위해 크게 세 가지 사역을 균형 있게 행하셨습니다.

(1) 말씀 사역(선포와 가르침)

마가복음 1장 14-15절과 누가복음 4장 43절은, 예수님이 오신 목적이 하나님의 나라 복음을 전파(Preach)하는 것이라고 했습니다. 하나님 나라 복음을 설교(Preaching)하셨고, 가르치셨습니다(Teaching).

“예수께서 이르시되 내가 다른 동네들에서도 하나님의 나라 복음을 전하여야 하리니 나는 이 일을 위해 보내심을 받았노라 하시고”(눅 4:43).

“요한이 잡힌 후 예수께서 갈릴리에 오셔서 하나님의 복음을 전파하여 이르시되 때가 찼고 하나님의 나라가 가까이 왔으니 회개하고 복음을 믿으라 하시더라”(막 1:14-15).

“그러므로 믿음은 들음에서 나며 들음은 그리스도의 말씀으로 말미암았느니라”(롬 10:17).

(2) 능력 사역(치유와 표적)

예수님은 귀신을 쫓아내시고 병을 고치시고 물로 포도주를 만드시는 등 많은 표적과 이적을 행하셔서, 사람들이 하나님 나라가 실제로 임하고 있음을 경험하도록 하셨습니다.

“그러나 내가 만일 하나님의 손을 힘입어 귀신을 쫓아낸다면 하나님의 나라가 이미 너희에게 임하였느니라”(눅 11:20).

말씀을 듣고 깨닫지 못하거나 믿지 않는 이들을 위해, 예수님은 행하신 능력의 일(His works of power)을 보고 믿도록 하신 것입니다(요 14:11). 니고데모 같은 지적인 종교 지도자도 이 때문에 예수님을 찾아왔습니다(요 3:2). 예수님은 능력으로 사탄의 억압을 느슨하게 하시고 사람들이 하나님 나라의 실재를 경험하여 복음에 응답하게 하셨습니다(눅 11:21-23).

“내가 아버지 안에 거하고 아버지께서 내 안에 계심을 믿으라 그렇지 못하겠거든 행하는 그 일로 말미암아 나를 믿으라”(요 14:11).

(3) 양육 사역(제자 삼음)

예수께서 제자들을 부르신 목적은 제자들이 성품적(고전 4:16, 11:1) 그리고 사역적(눅 9:1-2; 마 28:18-20)으로 당신을 닮고, 당신이 하신 것같이 하나님 나라를 전할 사명을 승계하도록 하시기 위함이었습니다.

“내가 그리스도를 본받는 자가 된 것 같이 너희는 나를 본받는 자가 되라”(고전 11:1).

3) 복음(기쁜 소식, Euangelion)이란?

복음은 구약에 약속된 것으로, 하나님의 아들 예수 그리스도를 믿음으로 말미암아 하나님과 화목하고, 하나님의 다스리심을 받는 친 백성이 되라는 메시지입니다.

“이 복음은 하나님이 선지자들을 통하여 그의 아들에 관하여 성경에 미리 약속하신 것이라”(롬 1:2).

“형제들아 내가 너희에게 전한 복음을 너희에게 알게 하노니 이는 너희가 받은 것이요 또 그 가운데 선 것이라”(고전 15:1).

예수님이 전파하신 복음은 하나님 나라에 관한 것입니다. 불신앙과 죄를 회개하고 하나님이 보내신 메시아인 당신을 믿음으로 하나님 나라의 백성이 되라는 말씀입니다.

그런데 누가 하나님 나라에 들어올 수 있습니까? 어떤 자격이나 공로에 의한 것이 아니라, 오직 예수 그리스도를 믿음으로 말미암는 은혜로 하나님 나라에 들어올 수 있습니다(요 3:5).

4) 주님의 제자인 우리의 소명(사역 승계)

주님께서 12사도와 72제자를 양육하신 목적은, 당신을 보고 닮으며 당신께서 행하신 사역을 본 그대로 행하게 하시기 위함이었습니다.

> **"아버지께서 나를 세상에 보내신 것 같이 나도 그들을 세상에 보내었고"**(요 17:18).

따라서 우리를 향한 주님의 부르심은, 당신의 성품을 닮는 성화와 가르침 등 사역을 재생산하기 위한 것이며, 당연히 능력 사역(His works of power)도 포함됩니다.

> **"이에 열둘을 세우셨으니 이는 자기와 함께 있게 하시고 또 보내사 전도도 하며 귀신을 내쫓는 권능도 가지게 하려 하심이러라"**
> (막 3:14-15).

예수님은 사역 승계를 확대해 나가셨습니다.

열두 제자들을 파송하시고 당신의 권위 안에서 당신께서 하신 모든 일들을 행하게 하셨습니다(마 10:1-8; 눅 9:1-2). 예수님은 사도들에게 주셨던 명령의 대상 범위를 확대하여 일흔두 제자들을 파송하셨으며, 동일하게 병자를 고치고 하나님 나라를 전파하도록 하셨습니다(눅 10:1, 8-9).

그리고 승천하시기 바로 직전에 분부하신 마태복음 28장 18-20절 말씀은 오늘날 우리의 소명과 책무를 이해하기 위한 핵심입니다.

> **"예수께서 나아와 말씀하여 이르시되 하늘과 땅의 모든 권세를 내게 주셨으니 그러므로 너희는 가서 모든 민족을 제자로 삼아 아버지와 아들과 성령의 이름으로 세례를 베풀고 내가 너희에게 분부한 모든 것을 가르쳐 지키게 하라 볼지어다 내가 세상 끝 날까지 너희와 항상 함께 있으리라 하시니라"**(마 28:18-20).

이 사명은 단지 복음을 전하는 것을 넘어, '내가 너희에게 분부한 모든 것을 가르쳐 지키게 하라'는 포괄적인 명령으로서, 예수님의 3중 사역 전체를 제자들에게 위임하셨음을 의미합니다.

그러므로 우리는 하나님 나라 복음을 전하는 말씀 사역(전도·선교), 병자들을 위해 기도하며 귀신을 쫓는 능력·치유 사역, 우리 자신이 예수님의 제자로 성장하고 또 다른 제자들을 기르는 양육 사역의 부르심을 받았습니다.

> **"이에 제자들에게 이르시되 추수할 것은 많되 일꾼이 적으니 그러므로 추수하는 주인에게 청하여 추수할 일꾼들을 보내 주소서 하라 하시니라"**(마 9:37-38).

4. 하나님 나라의 비밀과 현재적 긴장

1) 하나님 나라의 비밀(Mystery)

'하나님 나라의 비밀'(막 4:11-12)은 그때까지 세상에 숨겨져 있었으나 예수 그리스도를 통해 비로소 밝혀진 진리를 뜻합니다. 이 비밀의 본질은 다음과 같습니다.

첫째, '영적 질서의 변화'입니다. 하나님 나라는 사람의 내면과 세상의 영적 질서를 바꾸도록 임합니다. 세상의 권위와 나라들이 당장 사라지는 것이 아니지만, 사탄의 권세는 하나님 나라가 이 세상에 임하는 그때부터 심각한 공격을 당하고 있습니다.

둘째, '이중적 임함'(Already but Not Yet)입니다. 예수님의 초림으로 하나님 나라가 이미 시작되었지만, 재림 때 궁극적인 권능과 영광으로 완성됩니다.

주님은 이 중간기(Interim Period)에 하나님 나라를 강압적으로 받아들이게 하지 않으십니다.

2) 천국 비유에 나타난 긴장

성경에 나오는 천국 비유들은 이 'Already but Not Yet'의 이중적인 임재 방식을 설명합니다.

'씨 뿌리는 비유'는 옥토를 제외하고는 하나님 나라를 받지 못하는 부분적인 수용을 보여 줍니다. '가라지의 비유'는 하나님 나라가 이미 왔으나, 악인들이 의인들과 공존하는 부분적 실재를 보여 줍니다(추수 때까지의 공존). '겨자씨와 누룩의 비유'는, 매우 작게 시작

하나(현재) 빨리 자라 큰 나무로, 온 반죽으로 퍼지는 궁극적 승리를 보여 줍니다(마 13:31-33). 그리고 '진주와 보화 비유'는 하나님 나라의 초월적인 가치를 위해 모든 것을 포기해야 함을 가르칩니다.

3) 하나님 나라에 관한 오해와 실망의 역사적 배경

예수님 당시 유대인들은 하나님 나라에 대해 두 가지 큰 기대를 가지고 있었기에 당시에 이미 도래하고 있는 하나님 나라의 실재를 아는 데 실패했습니다.

그들의 첫 번째 기대는 '다윗 왕국의 회복'입니다. 그들은 로마의 지배에서 해방되어 다윗의 번영을 되찾는 정치적·군사적 왕국을 기대했습니다(사 9:7; 행 1:6). 두 번째 기대는 장차 올 '오는 세대'에 대한 것이었습니다. 악인들과 의인들이 단번에 구분되어 의로운 이들이 해와 같이 빛나는 종말론적 심판만을 기대했습니다(마 13:38, 43).

그래서 메시아가 고난을 받아야 한다는 개념(눅 24:25-26)을 받아들이지 못하고, 예수께서 십자가에서 돌아가시자 실망했습니다(눅 24:19-21).

4) 중간기의 현실과 사역의 어려움

이러한 실망은 오늘날에도 동일하게 나타납니다. 하나님 나라가 임했다고 해서 당장 인간이 세운 권위와 나라들이 사라지는 것이 아닙니다. 우리는 '이미 도래했으나 아직 완성되지 않은' 두 시점의 중간 시대에 있습니다.

우리는 하나님의 통치를 부분적으로 경험합니다(롬 14:17). 그러므로 능력 사역에 때로는 하나님의 능력이 밀물처럼 나타나지만, 때로는 썰물같이 느껴져 기도가 다 응답되지 않으므로 혼란을 겪게 됩니다. 그러나 이는 중간기에 처한 우리가 감내해야 할 현실입니다.

사도들을 보십시오. 사도들 역시 능력 사역에 항상 성공적인 결과를 얻지 못했습니다(빌 2:25-27; 딤후 4:20).

우리는 지금도 전쟁 가운데 있습니다. 그리스도의 십자가와 부활은 사탄을 결박한 D-day(승리의 날)입니다(눅 11:20-22). 그러나 최종적인 V-day(최종적인 승리가 선포되는 날)까지 우리는 여전히 대적하는 원수(벧전 5:8-9)와 싸우는 전투를 계속해야 합니다.

5. 사역의 기초적 진리: 권세, 능력, 성령

1) 하나님의 주권: 모든 권세의 근원

하나님은 전능하시고 절대적인 권세를 가지신 분입니다. 모든 능력(심지어 사탄의 능력도-눅 4:6)은 하나님에게서 나왔습니다. 주님께서 이미 강한 자를 결박하신 사실(눅 11:20-22)과 우리에게 원수의 모든 능력을 제어할 권세를 주신 것을 늘 기억해야 합니다(눅 10:19).

2) 우리의 권세: 대리인으로서의 합법적 허락

예수님이 주신 권세(Authority)는 '권능을 행할 수 있는 허락(자유)'을 의미합니다. 본래 원수를 이길 힘과 권세가 없으나, 우리는 그리스도의 대리자로서 그분의 권세를 갖고 행할 수 있습니다. 주님이 당신의 이름을 사용하도록 허락하셨습니다(눅 10:19; 마 16:18-19). 그러므로 우리에게 주님이 주신 합법적인 권세가 있다는 진리를 아는 것이 우리를 안전하게 합니다.

3) 성령 의존: 예수 그리스도의 사역 모델

예수님은 영원한 하나님의 말씀(요 1:1-4)이시지만, 세상에 오셨을 때 하나님의 고유한 능력을 잠시 유보하고 전적으로 다른 인간과 똑같은 한계를 받을 것을 선택하셨습니다(빌 2:7-8; 행 10:38). 그리고 성령 세례를 받으신 이후부터 사역하셨습니다(눅 4:14; 마 3:13-4:1). 언제나 당신의 능력이 아니라 오직 성령님의 능력으로 하셨습니다.

주님은 제자들에게도 위로부터 능력이 입혀질 때까지 예루살렘에 머물라고 명령하셨습니다(눅 24:49; 행 1:5).

성령 세례(행 2:1-4)는 이미 거듭난 신자(눅 10:20)에게 임하는 능력 충만의 사건으로, 단회적이 아니라 계속적, 반복적으로 일어나는 사건입니다(행 8:12, 17, 10장, 19:1-7).

우리는 성령 세례와 충만을 통해 능력을 추구합니다. 그러다 때로는 능력 자체에 함몰되어 능력만을 추구하기도 합니다. 그것은 매우 위험한 일입니다. “칠십 인이 기뻐하며 돌아와 이르되 주여 주의 이름이면 귀신들도 우리에게 항복하더이다”(눅 10:17)라고 하는 제자들에게, 주님은 “귀신들이 너희에게 항복하는 것으로 기뻐하지 말고 너희 이름이 하늘에 기록된 것으로 기뻐하라”(눅 10:20)라고 경고하셨습니다.

하나님의 나라는 먼저, 신자의 마음과 삶 그리고 사역에 동시적으로 임해야 합니다(성화와 사역의 능력, 마 7:22-24). 이것을 잊어서는 안 될 것입니다.

6. 제자 사역의 방법: 아버지의 음성을 듣고 순종함

하나님의 능력 안에서 사역함에 있어서 마술적인 방법은 없습니다. 주님의 제자로 사역하는 방도는, 예수님이 그러셨던 것같이 '아버지의 행하시는 것을 행하는 것'입니다(요 15:8, 16).

1) 예수님의 사역 방법(Hear and Obey)

예수님은 모든 일에 아버지의 뜻에 전적으로 복종하셨기 때문에 성령의 기름 부음에 제한이 없었습니다(요 3:34).

(1) 들음(Hear)

예수님은 항상 아버지에게 귀를 기울이셨습니다(요 5:19-20, 12:49-50). 자주 조용한 곳으로 가셔서 아버지의 음성을 들으셨습니다(눅 6:12; 마 14:23). 이것이 예수님이 계속 지키신 능력과 권위의 근본이었습니다.

(2) 순종(Obey)

예수님은 아버지의 지시하심에 철저히 복종하셨고, 행하지 못한 일이 없으셨습니다(롬 5:19; 요 8:29).

(3) 방법의 다양성

예수님의 사역에는 특기할 만한 전형적인 방법이 없었습니다. 눈먼 이들을 고치실 때에도 침을 뱉기도 하시고, 안수하기도 하시고, 말씀으로 명령하기도 하셨습니다. 주님은 늘 아버지의 음성을 듣고 들으신 대로 순종하셨을 뿐입니다.

2) 사역의 원리: 믿음으로 행함

주님의 제자들은 스승과 같이 듣고 복종함으로 행했습니다(눅 6:40).

(1) 줌으로써 받음

하나님 나라의 근본 원리 중 하나는 '우리가 이미 가진 것들을 다른 이에게 주는 분량만큼 하나님에게서 새롭게 받게 된다'는 것입니다(눅 6:38). 빛을 지키기 위해 등불을 덮는 것은 촛불을 꺼지게 하는 것과 같습니다(막 4:21).

(2) 믿음의 행위

믿음이란 하나님께서 역사하시는 증거가 나타나기 전에 하나님의 말씀을 믿고 기꺼이 행동하는 것입니다. 이는 위험 부담을 동반합니다.

오병이어의 기적을 보십시오(막 6:30-44). 제자들이 적은 음식을 가지고 무리들에게 나눠 주는 복종의 행위를 할 때 기적이 일어났습니다. 이처럼 이적과 기적은 우리가 들은 말씀에 복종하여 그 첫발을 내딛는 그때에만 일어납니다.

3) 제자들의 모범과 우리의 도전

베드로의 성장을 보십시오. 원래 충동적이었던 베드로는 점차 듣고 복종하는 원리를 배웠고, 하나님께 큰 영광을 돌렸습니다(행 3:1-8, 9:39-41).

베드로뿐 아니라 사도들은 복음을 위해 여러 위험을 감수했습니다. 베드로는 이방인에게 복음을 전하기 위해 유대인의 관습을 어겨 문제가 일어날 위험을 감수했고(행 10:27-29), 바울 사도가 성령님의 지시를 따라, 자신의 생명에 큰 위협이 될 수 있음에도 지체하지 않고 입 밖으로 내었던 것처럼(행 13:9-12), 능력은 종종 개인적인 위험의 부담을 겪으면서 이루어지게 됩니다.

결론적으로, 예수님을 닮은 제자가 되려면, 먼저 자만심과 자신의 인생을 스스로 통제하려는 의지를 포기해야 합니다. 하나님의 음성을 들을 수 있는 여유 있는 삶의 방식을 익혀야 합니다. 하나님의 음성을 듣고 복종하기 위해 필연적인 위험 부담(risk)을 감내해야 합니다. 어떤 특별한 기름 부음을 기다릴 필요 없이, 주님과의 바른 관계 안에서 말씀과 성령의 인도하심을 따라 위험부담과 두려움을 극복하면, 주님께서 우리를 통해 권능을 나타내시는 것을 보게 될 것입니다(요 14:12).

우리가 스스로 보기에 많이 부족하고 부적당하지만, 예수님께서 어린아이의 도시락을 잡으시고 오병이어의 이적을 행하신 것같이 우리도 주님께 붙잡혀서 매우 효과적으로 쓰임 받을 것입니다.

엘리야의집(The Elijah House)

우리는 디모데후서 3장 1절 이하에 예언된 **'고통하는 때'**를 살고 있습니다. 많은 죄로 인한 상처가 깊고 묶임이 강하지만, 그럼에도 불구하고 **"너희 죄를 서로 고백하며 병이 낫기를 위하여 서로 기도하라"**는 하나님의 말씀(약 5:16)을 실천할 방법을 찾지 못하고 있습니다.

우리는 예수님을 믿고 사랑한다고 고백하면서도, 히브리서 3장 12절의 경고처럼 여전히 **'믿지 아니하는 악한 마음'**을 품고 있고, 거듭날 때 그리스도와 함께 죽은 옛 사람이 남긴 죄의 생각과 감정, 상처, 왜곡된 인식, 습관 등 죄의 잔재들을 갖고 있습니다(골 3:5-6).

그 때문에 좋은 열매를 맺지 못하고(씨 뿌리는 비유), 성장이 중단된 채, 가족과 대인 관계에서 고통을 받으며, 하나님을 근심하게 하는(사 43:24) 삶을 살고 있습니다. 이대로 계속 산다면, 자신을 신자라고 생각하지만 실제로는 하나님이 알지 못하는 사람으로 드러나, 성경이 경고하는 버림받는 자의 위기(히 12:14; 고후 13:5; 마 7:21-23)에 놓일 수 있습니다.

그러나 하나님은 십자가로 나타내신 그 크신 사랑 안에서, 당신의 자녀들이 말씀과 성령을 통해 참된 회개와 치유를 얻기를 원하십니다(렘 8:22). 또한, 그리스도 안에서 바른 정체성과 참된 안식(마 11:28)을 회복하며, 성화의 열매를 맺는 온전한 구원(빌 2:12)에 이르기를 간절히 원하십니다.

이러한 하나님의 뜻을 따라, 약 50년 전, 존 샌드포드 목사님 부부가 시작한 '엘리야의집(The Elijah House)'은, 상처 입은 심령들이 말씀과 성령 안에서 회개와 치유, 회복과 성화를 경험하도록 사역하고 있습니다. 한국엘리야의집은 약 10년 전에 설립되었으며, 참된 회개와 치유, 회복, 변화와 성화를 갈망하는 여러 분을 초대합니다.

이제는 성화입니다

1판 1쇄 인쇄 _ 2025년 12월 26일
1판 1쇄 발행 _ 2025년 12월 31일

지은이 _ 이성대
펴낸이 _ 이형규
펴낸곳 _ 쿰란출판사

주소 _ 서울특별시 종로구 이화장길 6
편집부 _ 745-1007, 745-1301~2, 747-1212, 743-1300
영업부 _ 747-1004, FAX 745-8490
본사평생전화번호 _ 0502-756-1004
홈페이지 _ http://www.qumran.co.kr
E-mail _ qrbooks@daum.net / qrbooks@gmail.com
한글인터넷주소 _ 쿰란, 쿰란출판사
페이스북 _ www.facebook.com/qumranpeople
인스타그램 _ www.instagram.com/qrbooks
등록 _ 제1-670호(1988.2.27)
책임교열 _ 김영미 · 최은샘

 ISBN 979-11-24013-20-5 03230

책값은 뒤표지에 있습니다.

파본(破本)은 구입처에서 교환해 드립니다.